·刘敬儒内家拳丛书·

# 八卦掌器械

——八卦刀、八卦战身枪、八卦剑、八卦子午鸳鸯钺

刘敬儒 主编

北京体育大学出版社

策划编辑：秦德斌
责任编辑：秦德斌
责任校对：原子茜
版式设计：华泰联合

**图书在版编目（CIP）数据**

八卦掌器械 / 刘敬儒主编 . -- 北京 : 北京体育大学出版社 , 2019.9（2022.11重印）
（刘敬儒内家拳丛书）
ISBN 978-7-5644-3194-5

Ⅰ . ①八… Ⅱ . ①刘… Ⅲ . ①八卦掌—基本知识 Ⅳ . ① G852.16

中国版本图书馆 CIP 数据核字（2019）第 147818 号

**八卦掌器械** BAGUAZHANG QIXIE 刘敬儒 主编

出版发行：北京体育大学出版社
地　　址：北京市海淀区农大南路1号院硅谷亮城2B-421
邮　　编：100084
发 行 部：010-62989320
邮 购 部：北京体育大学出版社读者服务部 010-62989432

印　　刷：北京昌联印刷有限公司
开　　本：710 mm × 1000 mm 1/16
成品尺寸：170 mm × 240 mm
印　　张：11
字　　数：194千字
版　　次：2020 年 1 月第 1 版
印　　次：2022 年 11 月第 2 次印刷
定　　价：39.00 元

# 《八卦掌器械》编写组

**主　编**：刘敬儒

**副主编**：刘玉强　徐百军　徐艳霞　李胜利
卢　鑫

**策　划**：赵奎喜　刘玉强　邢殿和　翟梦纪
陈丽娜　代海强　孙振虎　公　晨
马　斌

**摄　影**：蒋天祥　冯　军

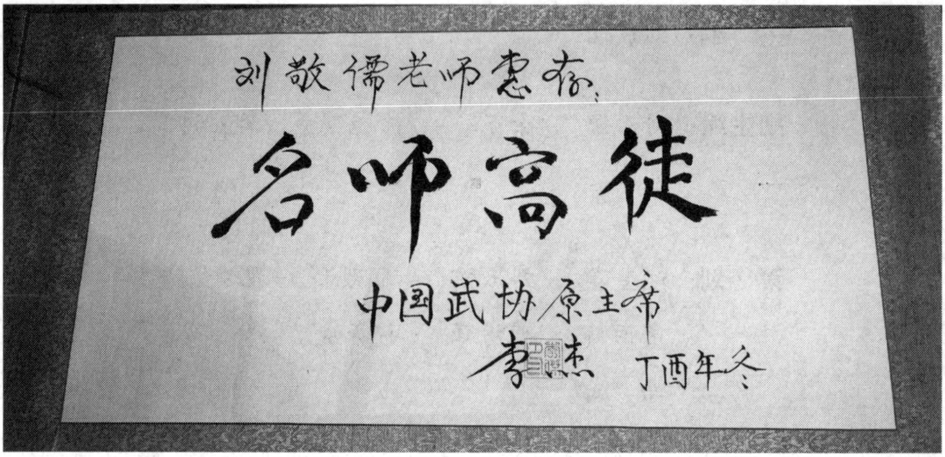
刘敬儒老师惠存：
名师高徒
中国武协原主席
李杰 丁酉年冬

# 序

2017 年 8 月 27 日，我应邀参加了刘敬儒先生的收徒仪式。大会举办得隆重而热烈。我在大会上讲了话，并赠以我亲书横幅《名师高徒》以祝贺。

1957 年，敬儒先生拜著名武术家骆兴武先生为师，系统学习形意拳、程氏八卦掌。1962 年他拜张占魁先生的弟子裘稚和先生为师，学习张氏八卦掌和螺旋拳。敬儒先生后又师从尹福先生的外孙何忠祺先生学习尹氏八卦掌；又拜山东黄县单香陵先生为师学习六合螳螂拳法；还得到著名武术家程廷华先生之子程有信先生及刘谈峰先生、王文奎先生等多人指教，深得八卦掌、形意拳、六合螳螂拳的精要。

1963 年，敬儒先生参加了北京市武术比赛，获得成年形意拳、八卦掌组的冠军。敬儒先生于 1979 年参加了在广西南宁市举办的第一届全国武术观摩交流大会，荣获八卦掌金牌；1980 年在山西太原市举办的第二届全国武术观摩交流大会上，他再度荣获八卦掌金牌。这两届全国武术观摩大会是中华人民共和国成立以来最为盛大的武术赛事，许多著名武术家和老前辈都披挂上阵，是含金量最高的大会。大会参赛人员平均年龄 47 岁，敬儒先生当时只有 43 岁，还是一名年轻的运动员。

1980 年，在北京市东城体委领导下，敬儒先生与李秉慈等五人组织了“文革”后全国第一家武术馆——北京东城武术馆，连续任教十余年，培养了大批八卦掌人才。其弟子付春梅在 1981 年第五届全国武术观摩交流大会上获得了八卦掌金牌。1982 年开始，敬儒先生先后多次被聘为北京武术队八卦掌教练。其学生戈春燕曾连续五次在全国武术比赛中获得八卦掌金牌，壮晖三次获得八卦掌金牌，商钰、张宏梅亦先后获得八卦掌金牌。其弟子韩燕武、孔城等均在北京市武术比赛中获得过金牌。据我所知，我国有两部电影《武林志》和《一代宗师》都是表现八卦掌的。《武林志》中的主人公东方旭及其妻子的扮演者李俊峰先生和戈春燕女士的八卦掌都是敬儒先生所授；《一代宗师》中的女主角章子怡女士的八卦掌是敬儒先生的弟子韩燕武所授。这两部电影影响很大。敬儒先生及其弟子们为八卦掌的发扬光大做出了卓越的贡献，正可谓“名师高徒”也。

近年来，敬儒先生致力于八卦掌、形意拳、六合螳螂拳在世界各地的传播。他先后多次去法国、希腊、意大利、美国、澳大利亚、日本等国讲学授拳。他的学生和弟子遍及世界各地。2006 年在河南郑州国际武术节上，其法国学生叶荷玛获得男子成年组八卦掌、子午鸳鸯钺的金牌。

2002 年，敬儒先生与北京武术家王培生、冯志强、孙剑云、李秉慈、袁敬泉等被中国武术协会评为中国武术八段。时任中国武术协会主席的我，有幸在中国武术段位制证书上签字。在长达十几年之后，敬儒先生终于被中国武术协会评为中国武术最高段位——九段。实至名归，可喜可贺！

2015 年，敬儒先生又被评为北京市非物质文化遗产八卦掌代表性传承人，肩负了为国家为民族传承非物质文化遗产的重担。敬儒先生告诉我，他将要在 2019 年出版发行一套武术丛书，名为《刘敬儒内家拳丛书》。这套书要在敬儒先生率领下由弟子们群策群力合作完成。弟子们有的策划，有的摄制，有的撰写，有的演练……我认为这是一件提携后辈的大好事。

通过撰写这套丛书，定会使弟子们在功理、功法、功夫上得到长足的进步，更上一层台阶。同时，这还会增强弟子们继承、传承、发扬传统武术的责任感和使命感，值得赞扬和肯定。我要为这套丛书叫好，特写此文章为序，来为敬儒先生此举大唱赞歌。

李杰

中国武术协会第七任主席
中国武术研究院第三任院长
国际武术联合会原秘书长
国际武联传统武术委员会首任主任

2017 年 12 月 26 日于北京

# 目 录

本书视频资源总码

## 本书二维码使用说明

本书二维码教学视频资源全部指向书链网，您可以直接微信扫码观看教学视频，也可以在手机中安装书链App(客户端)扫码使用。App下载视频到手机，支持离线播放。

# 第一章 八卦刀

（动作演示：徐百军）

八卦刀概述

八卦刀套路

八卦刀是八卦掌门最主要的兵器。祖师爷董海川最擅长八卦刀法。八卦刀标准尺寸是四尺二寸（约 1.4 米），因人而异，可长可短，最短也有三尺八寸（约 1.3 米），重量在 1.5 公斤以上，最重可达 7 公斤。据墓碑碑文记载，祖师爷双手过膝，力大无穷。可以想见，当祖师爷舞起八卦刀时是何等的威风和神勇！

八卦刀是八卦门的兵器，因而演练和使用时要具备八卦掌的风格和特色。八卦掌讲究以掌为法、以走为用、斜出正入、阴阳互动；所以八卦刀也要讲究以刀为法、以走为用、斜出正入、阴阳互动。

“以刀为法”，是指普通刀法有什么，八卦刀法就有什么，如撩、扎、刺、抹、劈、剁等；同时还必须具备八卦刀独具特色的托刀、片膀、云刀、翻身刀等。我所认识的诸多老前辈都讲过一句话：“八卦刀法不许有缠头过脑一式，如有缠头过脑就是外家刀法。”如果需要使用“缠头过脑”时怎么办呢？老前辈们说：“我们有走。”

八卦掌讲究“走”，离开“走”“转”则不是八卦掌了。因而八卦刀也离不开“走”。八卦掌讲究：身随步走，步随掌换，掌随步变。八卦刀更讲究：人随刀走，步随刀变，刀随人换。所以，练习使用八卦刀时必须走转起来。故而八卦刀法也谓“行刀”。经常是刀动得少，人动得多。例如，刀尖刺向敌人，敌人动作变了，我们刀尖可以不变，只要步眼变，走动起来，则刀的方向全变。所以老前辈们说：“八卦刀是刀要人，而不像其他门户的刀法是人要刀。”所以演练或使用八卦刀时要“一动无有不动，刀人合一方为绝妙”。

八卦掌有正面进攻或防守，更讲究“避正就斜”。八卦刀也如是，也讲究正面进攻或防守，更讲究“避正就斜”。步眼变可“避正就斜”，“走”是更巧妙的“避正就斜”。只要刀法与走结合起来，只要“刀身合一”“心神合一”，必能把八卦刀法发挥到极致。

八卦掌法讲究阴阳互动，阴阳即刚柔、虚实、开合、进退、斜正、走转等。八卦刀也一样，也要讲究刚柔、虚实、开合、进退、走转等。在阴阳互动中才能变化无穷，达到随心所欲的境界。

此套刀法是在八卦“行刀”的基础上创编的，八卦掌有“单、双、顺、背、转、摩、翻、回”八大掌，在八卦刀套路中演变为“单、双、顺、背、转、摩、翻、回”八种刀法。在演练八卦刀套路时，一定要做到“行走如龙，换势如鹰，回转若猴”。要行如流水一般，滔滔不绝；要如游龙，如猛虎，形神合一，练出刀法的威猛与霸气；要“身手足、意气力”合一，更要刀人合一，从而达到随心所欲、变化无穷的最高境界。

# 一、动作名称

1. 起势
2. 弓步劈刀
3. 托刀走圈（右）
4 转身截刀
5. 托刀走圈（左）
6. 转身刺刀
7. 左右片膀
8. 转身下刺刀
9. 左右挂刀
10. 掖刀
11. 提膝下劈刀
12. 行步撩刀
13. 拨草寻蛇
14. 顺水推舟
15. 身后下撩刀
16. 转身劈刀
17. 转身反撩刀
18. 剪腕（左右）
19. 进步劈刀
20. 点腿劈刀
21. 背刀走
22. 回身劈刀
23. 转身反撩刀
24. 进步撩刀
25. 开刀
26. 云刀

27. 拨刀
28. 翻身刀
29. 提膝探刀
30. 提膝下砍
31. 转身刺刀（左）
32. 转身刺刀（右）
33. 片旋刀
34. 群拦刀
35. 转身扎刀
36. 收势

## 二、动作图解

### 1. 起势

①左手抱刀成立正姿势，精神集中，气沉丹田，二目圆睁，炯炯有神。（图 1–1）

②上左足成四六步，同时右手在左手之上，双手握刀向面前伸出，高与眉平，二目前视。（图 1–2）

③ 右手持刀向身后横砍。（图 1–3）

④ 上右足与左足成并步，随之，右手持刀向面前劈下，左手成掌按于右腕，二目前视。（图 1–4）

**要点：**后砍前劈要连贯，要砍出劈出全身之力，要气势凶猛。

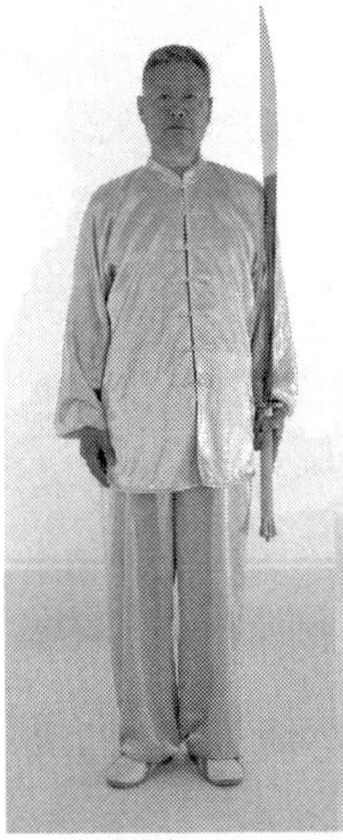
图 1–1

图 1–2

图 1–3

图 1–4

### 2. 弓步劈刀

向身体右前方上右足成弓步，同时右手持刀向右前方劈下，左掌伸至头部左上方，二目前视。（图 1–5）

**要点：**弓步劈刀时可向前俯身，力在刀刃上。

图 1–5

## 3. 托刀走圈（右）

①右手持刀，将右腕自下向左、向上、向右拧动，刀尖会随之自下向左、向上、向右缠绕一周，随之弓步，再俯身将刀落下，刀刃向下，刀身贴近地面，左手按于右腕，二目视刀。（图 1–6）

②随之左转身，在圈上上右步、上左步……，向右走圈。同时刀刃朝上，将刀身自地面向头部右额前上方逐渐托起，刀尖略低，二目注视圈心方向，左掌伸至头部左上方。（图 1–7）

**要点：**八卦刀中最重要的刀法，又称“单换刀”，有些老前辈也称其为“探海式”。要走转一圈再换下式。

图 1–6

图 1–7

### 4. 转身截刀

①右足向圈外扣步，右转身，右手将刀向上举起，高过头顶，左手按于左臂下，同时向左拧头回视。（图 1–8）

②左转回身，将左膝提起成独立步，同时刀刃朝下，向左膝前下截，左手向上伸至头部上方，手心向上，二目视刀。（图 1–9）

**要点：**左转回身、下截刀、向上伸左掌要同时完成，身体要挺拔，截出气势，此式亦称“顺势刀法”。

图 1–8

图 1–9

### 5. 托刀走圈（左）

①向身后落左足成右弓步，同时向面前劈刀，左掌按右腕助力，二目前视。（图 1–10）

②重心左移成左弓步，同时刀刃朝上，将刀身自身右经头部前上方向身左横带，目视刀身。（图 1–11）

③继续左弓步，将刀身落至左踝前，贴近地面，拧头左视刀身。（图 1–12）

④右转身，在圈上上左步，上右步……，向左走圈。同时刀刃朝上，将刀身自地面向头部左额前上方逐渐托起，左手按于右腕之上，刀尖略低，二目注视圈心方向。（图 1–13）

**要点：**姿势要舒展，动作要连贯，要一气呵成，此式为左托刀走，与右式同等重要，也称之为“摇旗式”，即“双换刀”。

图 1–10

图 1–11

图 1–12

图 1–13

## 6. 转身刺刀

突然左转回身，上左步，上右步，将刀尖向面前刺出，刀刃朝下，刀尖朝前，力在刀尖，左手按于右腕，二目前视。（图 1–14）

**要点：**转身要突然，令敌人防不胜防，有高深莫测之感。

## 7. 左右片膀

①左转回身，上左步，上右步，上左步。同时刀刃朝下，将刀身向左肩外砍下，左掌五指朝上向头前上方伸起，目视刀身。（图 1–15）

②突然右转回身，上右步，上左步，上右步，同时右手翻腕，掌心朝上握刀，将刀漫过头顶向右肩外砍下，左手握在右前臂上助力。（图 1–16）

**要点：**动作要连贯协调，一气呵成。左右片膀是八卦刀法中别具特色的用法，只有刀步齐动，在走中使用，方显绝妙。

图 1–14

图 1–15

图 1–16

### 8. 转身下刺刀

①突然左转回身，摆步，扣步，同时手腕回折用力将刀身带回，刀尖朝下，刀刃朝外，刀背贴在左臂上，左臂自然垂于体侧，拧头左视。（图 1–17）

②继续摆步、扣步，到第四步时，突然左膝提起成独立步，同时将刀尖从左膝前向地面扎出。（图 1–18）

**要点：**要原地摆步、扣步，共四步，不要练成走小圈。此式刀法名曰“摩身刀”。

图 1–17

图 1–18

### 9. 左右挂刀

①突然左拧身，上左步，同时在左腿外侧将刀尖向身后刺出，左手按于右腕，目视刀尖。（图 1–19）

②向身前上右步，同时右臂外旋，翻成掌心朝上握刀，刀刃朝上，刀尖朝前向上翻起，二目前视。（图 1–20）

③向右拧身，上右步，同时在右腿外侧将刀尖向身后刺出，目视刀尖。（图 1–21）

④扣左步，右转身，同时右臂内旋，翻成掌心朝下，刀刃朝下。然后刀尖朝身前，向上翻起，目视刀身。（图 1–22）

**要点：**以上动作要连贯协调，一气呵成。向左腿后扎刀时要上左步，向右腿后扎刀时要上右步，否则会将刀尖扎在自己大腿上，切记慎重。

图 1–19

图 1–20

图 1–21

图 1–22

## 10. 掖刀

向身后伸右腿成仆步，同时刀刃朝上，反腕将刀身贴在右腿外侧向身后右足外扎出，左手置于右臂内侧（也可以左手按在右腕助力），目视刀尖。（图 1–23）

**要点：**仆步时要俯身，姿势越低越好，刀尖贴近地面。要一动无有不动，一气呵成。

图 1–23

## 11. 提膝下劈刀

①起身，撤右足坐身成虚步，同时右手用力，腕部向上折，将刀身带回，刀尖朝上，左手按于右腕，二目前视。（图 1–24）

②上右足，提左膝成右独立步，同时刀刃朝下，刀尖朝前，向体前劈出，左臂屈肘上举，手心向上，二目前视。（图 1–25）

**要点：**虚步时身形要矮，独立时身形要挺拔，要劈出气势，力在刀尖。

图 1–24

图 1–25

## 12. 行步撩刀

①向身体左前方行左步，行右步，行左步，同时右手持刀，刀刃朝上，自下向身体右前方撩起，刀尖偏向下停，左手上举配合撩刀动作，二目随刀。（图 1–26）

②向身体右前方行右步，行左步，行右步，同时右臂内旋翻成掌心向下时，将刀自下向身体右前方撩起，撩成刀把高过头部，刀尖偏向下停，左手按于右腕部助力，二目随刀。（图 1–27）

③向身体左前方行左步、行右步、行左步，同时右臂外旋翻成掌心向上时，将刀自下向身体右前方撩起，刀尖偏向下停，左手上举配合撩刀动作，二目随刀。（图 1–28）

图 1–26

图 1–27

图 1–28

## 13. 拔草寻蛇

在左足前扣右足，左转回身，同时右手举刀漫过头顶，向身后撤左足，撤右足，撤左足成虚步，两手在腹前向左右分开，刀尖朝下，二目下视。（图 1–29）

**要点：**动作要连贯协调，一气呵成，分刀时不要向左右分得太大，刀尖停在足前方妙。

## 14. 顺水推舟

向身前上左步，上右步，上左步，同时双手握刀，掌心朝上，刀刃朝上，自下向上在胸前逐渐撩起，二目前视。（图 1–30）

**要点：**动作要连贯协调，一气呵成。

## 15. 身后下撩刀

向身后撤左步，右转身，同时右臂内旋，翻成掌心朝下时，刀刃朝后，刀尖朝下，向身后撩起，左手上举配合撩刀动作，拧头后视。（图 1–31）

图 1–29

图 1–30

图 1–31

**要点：**足动刀动，一气呵成。

## 16. 转身劈刀

右转回身上右步，同时右手持刀，自下经身前、头顶向身前弧线劈出，目视刀的动作。（图 1–32）

**要点：**动作要连贯、舒展、大气。

## 17. 转身反撩刀

在右足前扣左足，右转回身 180° ，向身后撤右足与左足成夹剪步，同时双手持刀自下向体前反腕撩刀，刀刃朝上，力在刀刃与刀尖，二目前视。（图 1–33）

**要点：**向身后撤右足时，要含有后挫力，后撤右足与反手撩刀要同步，一气呵成，可微仰身，要有突然感。

图 1–32

图 1–33

## 18. 剪腕（左右）

①向身体左侧斜前方上左足，随之向左足右侧斜前方上右足，足尖点地。同时右臂外旋向上、向右拧腕，将刀尖向下点出，力在刀尖处，二目前视。（图 1–34）

②向身体右侧斜后方撤右足，再向右足左侧斜前方上左足，足尖点地。同时右臂内旋向下、向左拧腕，将刀尖向下点出，力在刀尖处，二目前视。（图 1–35）

**要点：**上左足、上右足的落足点与原来左足处成三角形。撤右足、上左足的落足点与原来左足处亦成三角形，故名“三角步”。左右剪腕要连贯，一气呵成。

图 1–34

图 1–35

## 19. 进步劈刀

①提左膝，同时右臂内旋持刀，当刀尖朝下时向左膝后扎出，左手按于右腕处，力在刀背，目视扎刀动作。（图 1–36）

②落左足上右步，同时右手持刀自下向体前弧线劈出，力在刀刃，左掌伸至左额前上方，二目前视。（图 1–37）

**要点：**动作要连贯，一气呵成，动作要舒展而灵活。

## 20. 点腿劈刀

①向体前上左步，同时右手向身体右侧后方抽刀，左手向前伸出，有如“夜战八方藏刀式”，二目向前平视。（图 1–38）

②随之提起右膝向左膝前屈膝点右足，同时右手持刀，刀刃朝下，自身后向右足前弧线劈下，左手按于右腕部助力，二目前视。（图 1–39）

**要点：**以上动作要协调连贯，一气呵成。向身前提膝点足劈刀时，俯身越低越好，可以缩成一团。

图 1–36

图 1–37

图 1–38

图 1–39

## 21. 背刀走

①在身后落右足，突然右转回身 180°，向右拧身的同时翻右腕，将刀背贴在左臂之上，成背刀式，二目向前平视。（图 1–40）

②向前行走三步，即左步、右步、左步，二目回视。（图 1–41）

**要点：**以上动作要连贯，背刀前行时两腿要弯曲，要走趟泥步。

## 22. 回身劈刀

①在右足前扣左足，右转回身 180°，上右步，同时右手持刀先自下而上再向身前弧线劈出，刀刃朝下，力在刀刃，左手上举配合劈刀动作，二目前视。（图 1–42）

②随之扣左足，上右步，右手持刀向身前弧线劈出，刀刃朝下，力在刀刃，二目随刀而视。（图 1–43）

**要点：**以上动作要非常连贯，一气呵成，不要有间隙处，回身劈刀亦名“回身刀”。

图 1–40

图 1–41

图 1–42

图 1–43

## 23. 转身反撩刀

在右足前扣左足，右转回身 180°，向身后撤右足，与左足成夹剪步，同时左手按在右手背处，双手持刀，刀刃朝上，自下向体前反腕撩刀，力在刀刃与刀尖，二目前视。（图 1–44）

**要点：**向身后撤右足时要含有后挫力，撤右足与反撩刀要同步，一气呵成，撩刀时可仰身，要有突然感。

图 1–44

## 24. 进步撩刀

①右臂内旋持刀自体前向身后劈出，随之右臂外旋向体前上右步的同时，右手掌心朝上持刀，自身后向体前撩出，刀刃朝上，刀尖朝前，二目视刀。（图 1–45）

②上右步，同时右臂内旋，右手掌心向下持刀，经身体左侧反腕向身前弧线撩出，刀刃朝上，刀尖朝前，力在刀尖，二目视刀。（图 1–46）

**要点：**一右一左两撩刀，动作要灵活连贯，一气呵成。

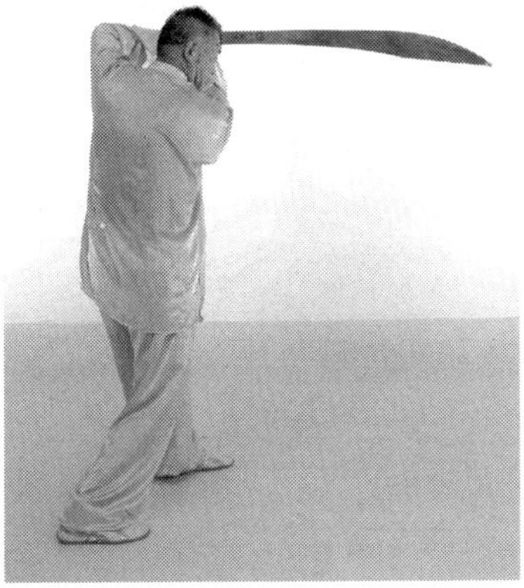

图 1–45

图 1–46

## 25. 开刀

①在左足前扣右足，向左转体，摆左足，再扣右足，摆左足，同时右手持刀，刀刃朝下，经左腋下向身后扎出，左手配合扎刀动作立于右肩前，向左拧头回视，名“叶底藏花”。（图 1–47）

图 1–47

②随之向右转体上右步，上左步……走四步小圈，同时右臂外旋，当掌心向上持刀时，刀刃朝左，刀背朝右，随着向右的走动用刀背向右横开，左手伸向身体左侧，如大鹏展翅，二目视刀，名曰“开刀”。（图 1–48）

**要点：**动作要协调连贯、舒展大气。刀、步、身一动无有不动，一气呵成。此动作亦称“转身刀”。

图 1–48

## 26. 云刀

继续向右走小圈，同时双臂屈肘内旋，翻成双手掌心朝下时，右手持刀，左手搭在右手手背上助力，随着向右走圈之势，在头顶之上，自左向右云片削刀，二目前视。（图 1–49）

**要点：**步走云刀，不可停滞，一动无有不动，一气呵成。

## 27. 拨刀

当云刀一圈后，双手落至胸前，右手持刀，刀尖朝下，刀刃朝右，一边原地摆扣步，一边向右拨刀，力在刀刃，左手按于右手手背助力，拧头右视。（图 1–50）

**要点：**开刀要走四步小圈，拨刀要走摆扣步，双摆双扣一周。

图 1–49

图 1–50

## 28. 翻身刀

①拨刀一周后，向右转体摆右足，向右足尖的前上方撩刀，可将刀抬至高与肩平，二目视刀。（图 1–51）

②随之向右足前扣左足，俯身时将左手插向右腋下，带动身体右翻后仰，左手置于胸前，刀在头后。（图 1–52）

**要点：** 切记翻身时右手不许回抽，不但不能回抽，而且要尽力仰身将刀身向后伸，方为有效。“翻身刀”是八卦刀法中非常重要的一刀，它充分体现了八卦掌法的技击特点和风格。

图 1–51

图 1–52

## 29. 提膝探刀

突然向体前提左膝成独立步，同时右手掌心朝上、刀刃朝外向身体右侧全力推出，左手上伸协调推刀动作，二目视刀。（图 1–53）

**要点：** 向体侧推刀时要探身，故名“提膝探刀”，又名“夜叉探海”。

图 1–53

## 30. 提膝下砍

落左足提右膝成左独立步，突然右臂内旋翻右腕，掌心朝下持刀，在体侧向下劈砍，二目视刀。（图 1–54）

**要点：**提膝要突然，下砍要有力，动作要求快速、果断、勇猛，双手分开，二目下视，犹如雕鹏巡视，十分神武。

图 1–54

## 31. 转身刺刀（左）

①在左足前落右足成右扣步，同时掌心向下用腕力将刀带回，刀身置于左肩之上，刀刃朝外，刀尖指向身后，左臂自然前伸配合，拧头左视。（图 1–55）

②原地摆左足、扣右足，向左拧身的同时，将刀尖向身后刺出，左手自然置于胸前，拧头回视刀尖。（图 1–56）

**要点：**步子要灵活，刀身要合一，整个动作一气呵成，此刀为顺势而用，亦名“顺势刀”。

图 1–55

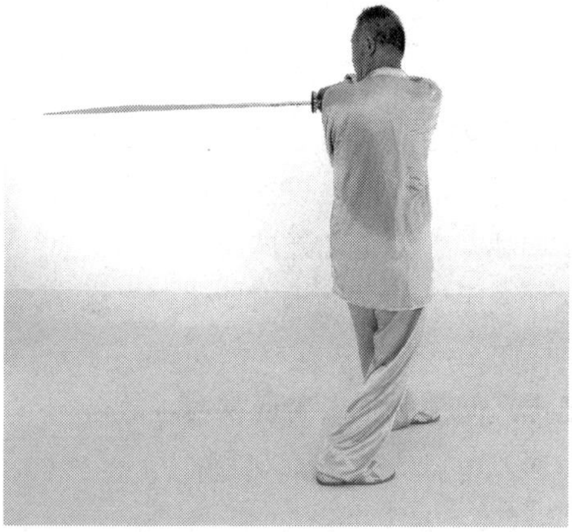

图 1–56

## 32. 转身刺刀（右）

①向右转体，摆右足，同时右臂外旋翻成掌心向上时将刀带回，刀身置于右肩之上，刀刃朝上，刀尖朝身后。（图 1–57）

②随之扣左足，摆右足，再扣左足，向身后上右步，同时将刀尖扎出，力在刀尖，左手身后侧平举配合刺刀动作，手心朝外，目视刀尖。（图 1–58）

**要点：**要原地摆步、扣步。身步合一，刀身合一，因背身刺刀故名“背身刀”。

图 1–57

图 1–58

## 33. 片旋刀

①右转身，回身摆左足，右臂内旋，翻成掌心向下时向内屈腕将刀带回。目视前方。（图 1–59）

②上右步，双手向内合抱，右手持刀，刀刃朝外，左手按在刀把处，目视刀身。（图 1–60）

图 1–59

图 1–60

③左转身，上左步，上右步，上左步走成弧线，同时右臂向上抬至头顶之上外旋拧腕，当拧成手心向上时，刀身已在头顶自右向左云片一周，左手按住刀背随刀而动，目视刀动。（图 1–61）

④右转身，摆右足，同时右臂内旋拧动，当掌心朝下时，已将刀身自左向右片回，左手仍扶在刀把处助力，二目注视刀身。（图 1–62）

**要点：**以上动作要连贯，无间隙处，要求做到刀动步动，步动人动，人动刀动，一动无有不动，要刀身合一，一气呵成。

图 1–61

图 1–62

## 34. 群拦刀

①在右足前扣左足，原地摆右足，再扣左足，向右转体一周，同时右手持刀，掌心向下，刀刃朝外，横于腹前，左手按于刀背上助力，二目前视。（图 1–63）

②向右上右足，步要大，成右弓步，同时右手持刀，刀刃朝外，伸臂横砍而出，左手侧上举，手心朝外，目视刀身。（图 1–64）

**要点：**要原地摆扣步，横刀身前转身一周，故名“群拦刀”，亦名“玉带围腰”。要砍出全身之力，要有凶猛之气。

## 35. 转身扎刀

①左转身，摆左足，右臂向内屈腕将刀带回，刀尖指向左腋下，左手自然伸于刀前。向左拧身，目视左下方。（图 1–65）

②在左足前扣右足，原地摆左足，左足前再扣右足，向左转体一周，随之提左膝成右独立步，将刀身自左腋下向体前斜上方全力扎出，力在刀尖，左臂屈肘横架于头后上方，目视前方。（图 1–66）

**要点：**在向左转体的过程中，刀尖从左腋下扎出要突然，要扎出刀之霸气。

图 1–63

图 1–64

图 1–65

图 1–66

## 36. 收势

①落左足，右手将刀收回交于左手，左臂抱刀，拧头左视。（图 1–67）

图 1–67

②在右足前扣左足，原地摆右足，再扣左足，向右转体一周，当与起势方向相同时向前出左足，足尖点地成虚步，同时右掌前伸打出，目视右掌。（图 1–68）

③上右足并步，左手抱刀成立正姿势，二目向前平视。（图 1–69）

**要点：**精神贯注，气沉丹田，气定神怡。

图 1–68

图 1–69

刘敬儒演练八卦刀

刘敬儒指导弟子李胜利演练八卦刀

弟子刘玉强演练八卦刀

刘敬儒传授八卦战身枪

刘敬儒演练八卦战身枪

# 第二章 八卦战身枪

（动作演示：徐艳霞）

八卦战身枪概述

八卦战身枪套路

董海川先师擅长刀法和钺法，未曾传授过枪法。八卦门的枪法大多是大枪刘德宽先生所传。

刘德宽先生（1826—1911）字敬远，河北沧州人，天资聪慧，自幼习武，嗜武如命。曾拜金枪徐六学习六合大枪，又拜田春奎学六合拳，可谓六合门出身，早年以保镖为业，武林尊称“大枪刘德宽”。

一日，刘德宽先生保完镖归家，途经高粱地，见一幼童，手持高粱秆为戏，动作似枪法，细看又不是，十分好奇，便问幼童练的什么？幼童曰：“戟！”刘德宽问：“能用否？”幼童曰：“不信你试试。”二人持高粱秆比试，刘德宽输了，大惊失色，随幼童至家，向其爷爷磕头求艺，老人不肯。刘德宽不走，赖在人家。一天，老人外出，临行时嘱咐幼童，不可再与刘德宽比试，但幼童经不住刘德宽的激将之法，再次比试，刘德宽又输。刘德宽问幼童：“我怎么输的，你说得出来吗？”幼童边比划边说：“这样一来你不就输了嘛！”刘德宽恍然大悟。

中年后，刘德宽先生应蒙古曼亲王之聘至京为护院教习，时值董海川、杨露禅、刘士俊都在京，于是拜董海川学八卦掌，拜杨露禅学太极拳，拜刘士俊学岳氏散手。后又与程廷华、李存义、张占魁结交，博采众长，集诸艺于一身。刘德宽先生好学而不拘泥旧法，善于创新，先后创编了“岳氏连拳”“八卦太极拳”“直趟八八六十四手”等。1900年程廷华去世，刘德宽先生代程传艺，不仅程门弟子，凡八卦门下弟子，无不传授，为八卦掌的发扬光大做出了巨大贡献。

“八卦战身枪”是刘德宽先生创编的套路，刘德宽先生所编套路都以六合大枪为基础，融入了一些戟法。其动作朴实，不花哨，实战性强。因练习时要走八面，故名“八面战身枪”，也称“八卦战身枪”。

枪的长短大小因人而异，以练起来顺手、实用为准。枪法讲究：拦、拿、扎、挑、撩、劈、缠、搅、提、拨、盖、扫等。练习时还要充分体现八卦掌的步活、身活、枪也活，一动无有不动。同时还要意、气、力贯通，以意为先，意动枪随，以内催外，以枪催梢，力达枪尖，更要枪棒互用，长枪短用，人枪一体，以达到随心所欲的境界。

# 一、动作名称

1. 起势
2. 进步三枪
3. 转身拨枪
4. 拗步骑龙
5. 孤雁出群
6. 落步戳把枪
7. 搅把枪
8. 拦拿扎
9. 提撩枪
10. 凤凰三点头
11. 盖把枪
12. 拖枪式
13. 力劈华山
14. 拦拿扎
15. 枯树盘根
16. 天王打伞
17. 滴水式
18. 拿拦扎
19. 进步搬拦
20. 进步搬拦
21. 风扫残云
22. 玉女穿梭
23. 拦拿扎
24. 怀抱琵琶
25. 收势

# 二、动作图解

## 1. 起势

①立正姿势，右臂屈肘，手握枪杆中部，枪尖朝上置于身体右侧，枪把把端离地2寸许（约6.7厘米），二目向前平视。（图2-1）

②右臂向前伸直，手心朝上握住枪把末端，枪尖触地，置于身前，目视枪尖。（图2-2）

③撤左足成四六步，同时左臂内旋翻腕，翻至左额前上方时亮掌。随之，右臂前伸将枪尖平平端起，成中平枪式停于胸前，二目前视。（图 2-3）

**要点：**精神贯注，二目前视，如临大敌。

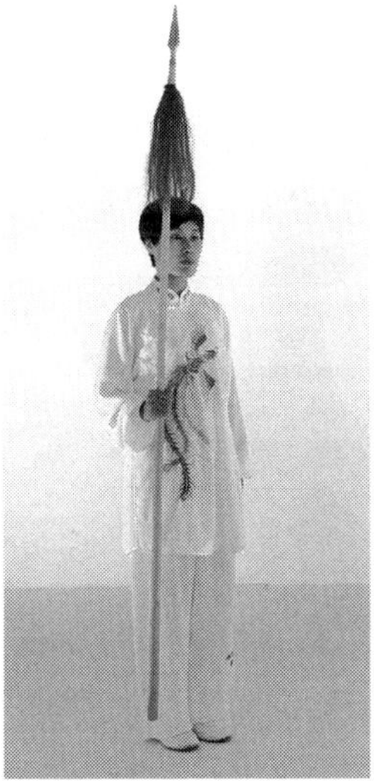

图 2-1

图 2-2

图 2-3

## 2. 进步三枪

①右手握住枪把，把端置于右腰际，左手握住枪杆，中平枪式不变，震右足提左足至右足内踝处成独立步，双手握住枪杆，目视枪尖。（图 2–4）

②上左足成四六步，仍成中平枪式，目视枪尖。（图 2–5）

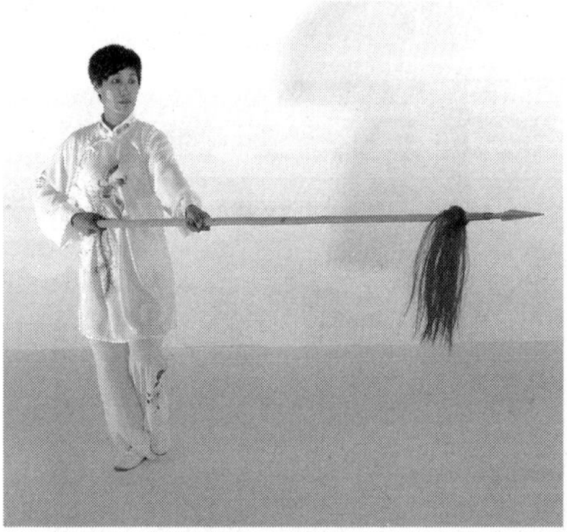

图 2–4

图 2–5

③右臂内旋向下拧腕，左臂外旋向上拧腕，将枪杆拧动，使枪尖向上、向左、向下旋转成圈，称“拦”。目视枪尖。（图 2–6）

④右臂外旋向上拧腕，左臂内旋向下拧腕，将枪尖拧动，使枪尖向上、向右、向下旋转成圈，称“拿”。目视枪尖。（图 2–7）

图 2–6

图 2–7

⑤重心前移，横右足向前上步，同时左手松力滑杆，右手全力向前推送枪杆，将右手推至与左手相抵，将枪尖向前扎出，称“扎”。目视前方。（图 2–8）

**要点：**扎出之枪尖不许抬高或下低，始终保持中平枪式。右手紧握把端，不许露出一段，名“吞把”，这是练习大枪的基本要求。要借助腰劲，要拦、拿、扎出浑身之力。“进步三枪”要连续做三次“拦、拿、扎”，第二次同第一次，第三次改为定步姿势。

图 2–8

⑥上左步成左足前右足后的四六步，同时左手松力滑杆至适当距离后握紧，右臂内旋向下拧腕，左臂外旋向上拧腕，拧动枪杆，使枪尖向上、向左、向下旋转成圈。目视枪尖。（图 2–9）

⑦四六步不变，同时右臂外旋向上拧腕，左臂内旋向下拧腕，拧动枪杆，使枪尖向上、向右、向下旋转成圈。目视枪尖。（图 2–10）

图 2–9

图 2–10

⑧四六步不变，左手松力滑杆，右手将枪杆推送向前，将右手推送至与左手相抵，用全力将枪尖扎出，二目前视。（图 2–11）

图 2–11

**要点：**三次进步“拦、拿、扎”也称“金鸡乱点头”。“拦、拿、扎”要借腰力，扎出浑身之力，力在枪尖。步、身、枪要协调一致，一动无有不动，要枪身合一。

### 3. 转身拨枪

向右转体 135°，摆右足，再在右足前上左足成左虚步，同时抽拉右手，左手倒把滑杆至枪缨部位，枪尖朝下，枪杆直立，自左向右在左步前横拨，名“拨枪”。二目前视。（图 2–12）

**要点：**上步、转身、横拨要协调一致，一气呵成，左手握紧，力在枪头。

### 4. 拗步骑龙

①上左足成左弓步，同时左臂内旋向下拧腕，右臂外旋向上拧腕，拧动枪杆，使枪尖向上、向右、向下旋转成圈，即大动作的“拿”枪。二目前视。（图 2–13）

②横右足上步，右足前左足后，双膝相叠成坐步，同时左臂外旋拧腕，右臂下沉内旋拧腕，拧动枪杆，使枪尖向上、向左、向下旋转成圈，即“拦”枪。定势时枪尖朝上，枪把把端置于腰际。目视枪尖。（图 2–14）

**要点：**“拗步骑龙”实为“拿”“拦”。因枪尖朝上，把端在腰间，又是坐步，仿佛骑在枪身上，练枪人有时称枪为“龙”，故名“拗步骑龙”。

### 5. 孤雁出群

提左膝重心右移成右独立步，同时左臂内旋向上翻腕，翻至左额前上方亮掌，右手握住枪把末端向身体前上方扎出，枪尖朝斜上方，二目上视。（图 2–15）

**要点：**提膝时要向上长身，身体要挺拔，要舒展大气，威风凛凛。

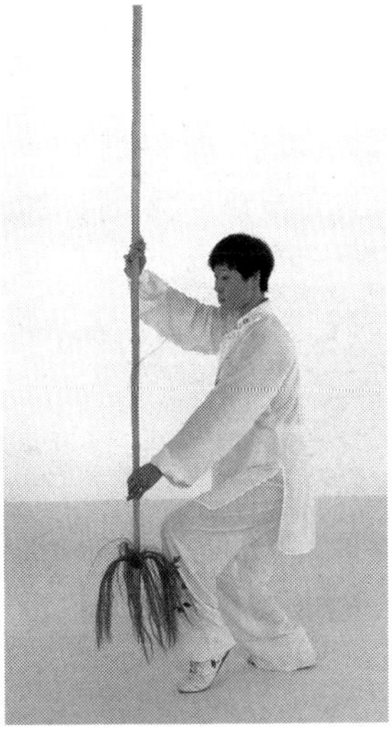

图 2-12

图 2-13

图 2-14

图 2-15

### 6. 落步戳把枪

向身后落左步，右转身，同时右手握住枪把，左手握住枪缨近端，双手同时向身后地面戳把，拧头下视枪把末端。（图 2-16）

**要点：**落步、戳把要同时，一气呵成。力在把端。

### 7. 搅把枪

①向身后撤右步，右转身，同时右手手心朝下握住枪把部位自下向右、向上再向下搅动，搅动时要用力，左手自动拧腕配合。目视把端。（图 2–17）

②回抽右足，足尖点地成虚步，同时右手握把反方向搅动一圈，目视枪把。（图 2–18）

**要点：**搅动时力在右手，左手自然配合。搅动时要搅出缠丝、沾黏之劲，力在枪把部位。

### 8. 拦拿扎

①紧接上势，上左步，将把端挑至头部上方，同时左手手心朝上握枪，枪尖朝下向体前推出，名曰“屋檐滴水”，又名“滴水式”。二目向前平视。（图 2–19）

图 2–16

图 2–17

图 2–18

图 2–19

②再上左足成左弓步或四六步，同时双手握枪做“拦拿扎”，借用腰力将枪尖扎出，扎成中平枪，二目向前平视。（图 2-20~ 图 2-22）

**要点：**“落步下戳把”，紧接“搅把枪”，紧接“拦拿扎”，要式式相随，不可间断，要做到步活、身活、把也活，一动无有不动，枪身合一，一气呵成。

## 9. 提撩枪

①向右转体 90°，踢左足成独立步，同时左手松力向枪缨处滑杆，随之又向右手处滑杆，此时双手握在枪把处将枪尖高高撩起，名曰“贯枪”。二目仰视枪尖。（图 2-23）

图 2-20

图 2-21

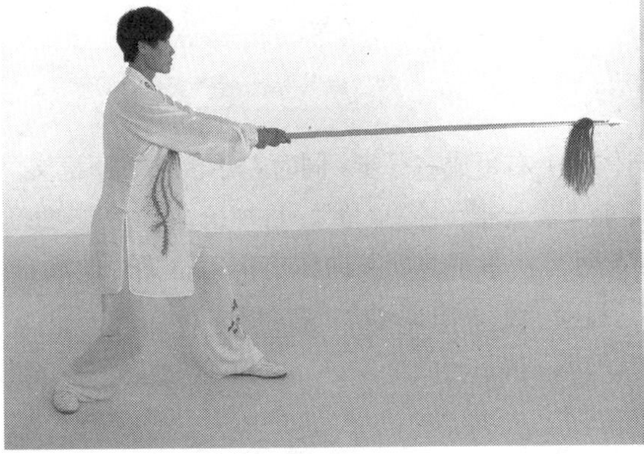

图 2-22

图 2-23

②左腿屈膝，双手松力，枪杆自然向下滑落，当枪把把端将要滑落至地面、枪缨将要滑落至左手处时，双手用力紧握枪杆，目视枪尖。（图 2–24）

**要点：**以上两动是一个动作，要一气呵成。把枪尖撩挑得越高越好，下落越自然越好。

### 10. 凤凰三点头

双手抱枪向左走圈，共走八步。在八步中做三个“拿”枪的动作，即：左臂内旋，右臂外旋，同时向右拧动枪杆，使枪头向上、向右、向下旋转成“拿”枪，目视枪头。（图 2–25）

**要点：**在八步一圈中做三个“拿”枪动作，因而要把步和枪协调好。这三个“拿”枪动作是长枪短用之法，其实也是戟法。大枪刘德宽所编枪的套路中常常含有戟法，这是刘先生的习惯。

图 2–24

图 2–25

### 11. 盖把枪

①接上势，当走至起势方向时，向体前上右足成右弓步，同时左手倒把下压枪头，枪把自然向上翘起，右手手心朝下向体前下盖枪把，名“盖枪”，目视枪把。（图 2–26）

②右手下压枪把，当枪尖向上翻起时，左手手心朝下向体前下盖枪尖，此时右手置于左手之下，名曰“叠把枪”。二目前视。（图 2–27）

**要点：**以上盖枪动作要连贯，一气呵成。

图 2–26

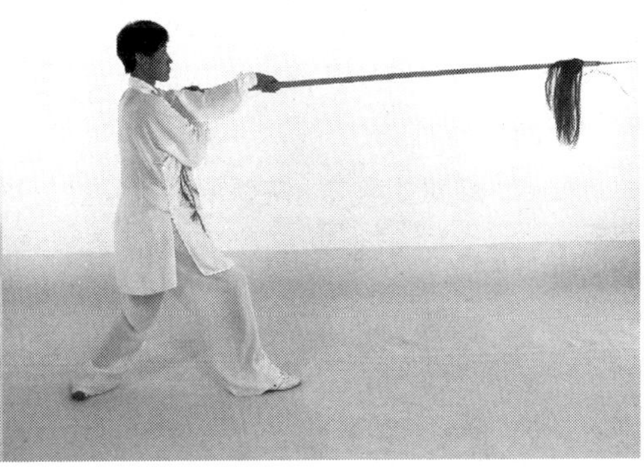

图 2–27

## 12. 拖枪式

①震右足，上左足成左弓步，同时左手在下，掌心朝上，向枪缨处滑杆，并托住枪身，右手在上，右臂内旋翻腕握住枪把，向左手处推送枪杆，枪尖朝下，名“贯枪”，二目前视。（图 2–28）

②右转身 180° 成右弓步，同时将枪夹于左臂下，左手于背后手心向上握枪杆中部，右手于胸前手心向下握枪把把端，枪尖向下拖于身后，双手向下拧动枪杆，使枪尖向上、向左、向下拧成圈，似“拿枪”。二目向前平视。（图 2–29）

**要点：**以上两动是一个动作，必须连贯，一气呵成。此式似拖枪败走，故名“拖枪式”，即是枪的“拿”，也是戟法。

图 2–28

图 2–29

### 13. 力劈华山

向前蹬左足，随之落左足向前跳跃。当左足前右足后双足落地时，双手握枪，左手前翻，右手后收，枪尖自身后向身前劈落，劈成中平枪式，二目前视。（图 2-30、图 2-31）

**要点：** 蹬腿要有力，跳跃要轻灵敏捷。劈枪时要劈出浑身之力，故名“力劈华山”。

图 2-30

图 2-31

### 14. 拦拿扎

重心前移成左弓步，同时“拦”“拿”“扎”，扎成中平枪，二目前视。（图 2-32~图 2-34）

**要点：** 要枪身合一，借助腰力，扎出浑身之力。

图 2-32

图 2-33

图 2-34

## 15. 枯树盘根

重心移至左腿，右腿提膝，足面贴于左膝后面成左独立步，同时右手上挑枪把，越过头顶，双手松力滑杆使把端朝下离地面寸许，自左向右弧线横拨，低头目视把端。（图 2-35）

**要点：**枪把把端向右画弧横拨，扫时可向前探身，名“探海式”。此式可破各方扎来之枪，是下盘动作，故名“枯树盘根”，又名“群拦枪”。

## 16. 天王打伞

紧接上式，随着向右横扫之势，向右转体 180°，回身落右足，提左足成右独立步，同时将枪把把端上挑成把端朝天、枪尖朝地的直立式，立于胸右前方，二目前视。（图 2-36）

**要点：**换步独立要灵活敏捷，枪、步、身要协调合一。

图 2-35

图 2-36

### 17. 滴水式

①落左足成左弓步或四六步，同时右手紧握枪把把端，左手倒把滑杆，向体前扎枪，二目前视。（图 2–37）

②向左拧身，横摆左足成歇步，同时左臂内旋、右臂外旋拧动枪杆，使枪尖自上向右、向下旋转成圈，向外拨枪，成“叠把拨枪式”，二目前视。（图 2–38）

③上右步，左手向枪头方向滑杆，右手手心朝下握住枪把，将枪向体前地面戳出，随后上挑把端，上左步的同时，双手滑杆，左手将枪尖向胸前挑出成“滴水式”，二目前视。（图 2–39、图 2–40）

**要点：**以上动作要连贯，不可间断。“叠把拨枪式”当戟法用更为便当。

图 2–37

图 2–38

图 2–39

图 2–40

## 18. 拿拦扎

重心前移成左弓步或四六步，做“拿”“拦”“扎”，扎成中平枪式，二目前视。（图 2–41~ 图 2–43）

**要点：**“拿”“拦”“扎”时要双足使劲，腰使劲，手臂使劲，意、气、力贯通，力在枪尖。

图 2–41

图 2–42

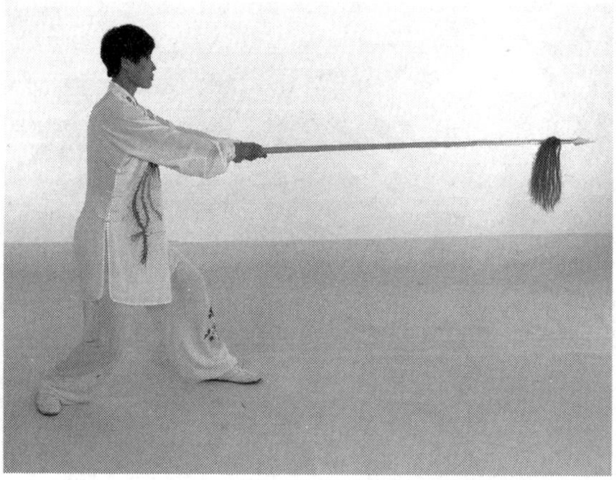

图 2–43

## 19. 进步搬拦

①双手倒把滑杆，同时向左转体 90° 提左足成独立步，右手握枪杆中部，左手握枪缨处将枪尖在足前自左向下、向右、向上搅动弧线成圈，目视枪尖。（图 2–44）

②落实左足，向前上右足成四六步，同时双手手心朝下握住枪杆，右手松力，边向左手处滑杆，边将枪把向面前横抡，左手握枪缨处，将枪尖贴在左肋处，力在把端，二目前视。（图 2–45）

③收右足成独立步，同时左手倒把，令枪尖朝上，右手松力，边向枪把处滑杆边将枪把在右足侧自上向右、向下、向左、向上搅动弧线成圈，目视把端。（图 2–46）

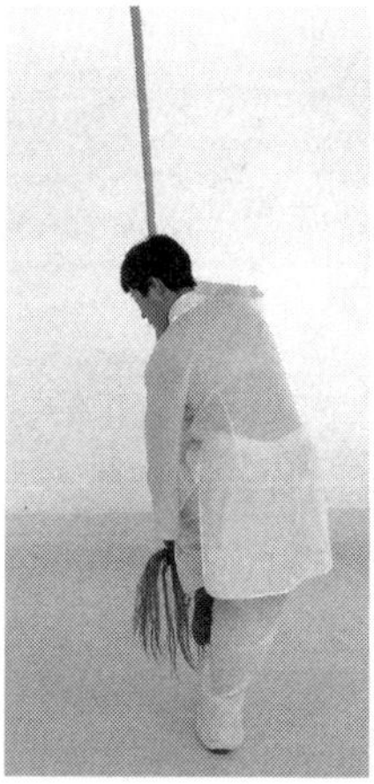

图 2–44

图 2–45

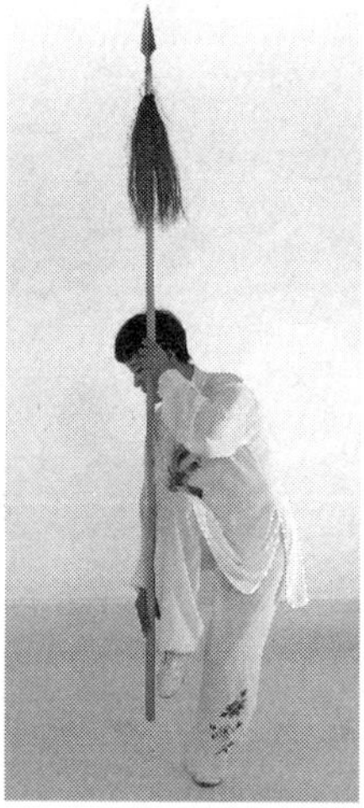

图 2–46

④落实右足，上左足成四六步，同时双手手心朝下握杆，左手松力，边向右手处滑杆，边向面前横抡枪尖，力在枪尖，二目前视。（图 2–47）

⑤收左足成虚步。同时左手松力，边向枪缨处滑杆，边在左足侧将枪尖自上向左、向下、向右、向上搅动弧线成圈，目视枪尖。（图 2–48）

图 2–47

图 2–48

⑥当掘动至枪尖向上时向上挑起，随之，落实左足上右足成四六步，同时左手倒把下压枪头，将枪头夹于左肋侧，枪把自然向上翘起，右手手心朝下将枪把向面前盖下，力在把端，二目前视。（图 2–49）

**要点：** 以上动作要连贯，一气呵成。要做到步活、把活、身活、枪活，一动无有不动，枪身合一。抡枪、盖枪时力在把端或枪尖，要抡出、盖出浑身之力。

图 2–49

## 20. 进步搬拦

①左转回身 180° ，上左足成四六步，同时左手倒把，使枪尖朝前，双手回抽滑杆，右手握枪把把端向前推送枪杆，将枪尖扎出成中平枪，二目前视。（图 2–50）

②收左足成虚步，右转身，左腿屈膝提起，上体前俯，同时右手抽拉枪杆滑至枪杆中部，左手边向枪缨处滑杆，边将枪尖自上向左、向下、向右、向上搅动弧线成圈，二目注视枪尖。（图 2–51）

图 2–50

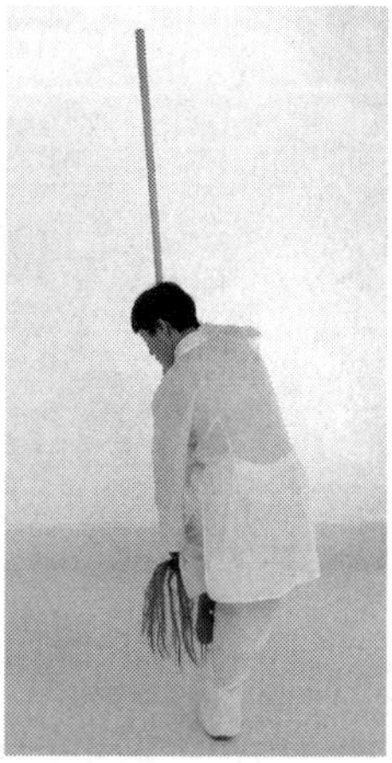
图 2–51

③落实左足，左转身，向前上右足成四六步，同时双手手心朝下握枪，右手松力，边向左手处滑杆，边将枪把向面前横抡，力在把端，二目前视。（图 2–52）

④收右足成虚步，右转身，右腿屈膝提起，上体前俯，同时左手倒把让枪尖朝上，滑至枪杆中部，右手松力，边向枪把处滑杆，边将枪把在右足侧自上向右、向下、向左、向上搅动弧线成圈，目视把端。（图 2–53）

图 2–52

图 2–53

⑤落实右足，右转身，上左足成四六步，同时双手手心朝下握杆，左手松力，边向右手处滑杆，边向面前横抡枪尖，力在枪尖，二目前视。（图 2–54）

⑥收左足成虚步，左转身，左腿屈膝提起，上体前俯，同时左手倒把，让枪尖朝上，左手松力，边向枪缨处滑杆，边在左足侧将枪尖自上向左、向下、向右、向上搅动弧线成圈。目视枪尖。（图 2–55）

图 2–54

图 2–55

⑦当掘动枪尖向上时，向上挑起，随之，落实左足，左转身，上右足成四六步，同时左手下压枪尖，枪把自然向上翘起，右手手心朝下将枪把向面前盖下，力在把端。（图 2–56）

⑧左转回身 180°，上左足成四六步，同时左手回抽滑杆，右手向前推送枪杆，将枪尖扎出成中平枪。二目前视。（图 2–57）

**要点：**动作要连贯，一气呵成。要做到步活、把活、身活、枪活，一动无有不动，枪身合一。抡枪、盖枪时力在把端或枪尖，要抡出、盖出全身之力。

图 2–56

图 2–57

## 21. 风扫残云

①向左转体摆步、扣步、再摆步、再扣步转成 405°，随转体动作右手握枪为轴，左手握枪在头顶上盘绕抡动枪杆也是转 405°。（图 2–58）

②当面对起势处左侧 45° 角时，上左足成四六步，所抡之枪停住，力在枪尖，二目前视。（图 2–59）

**要点：**身体的左转与枪身的抡动要协调一致，一动无有不动，一气呵成。动作要连贯，抡枪要有力，力在枪尖。因在头顶上盘绕抡动一周名“云枪”，故此动作名为“风扫残云”。

图 2–58

图 2–59

## 22. 玉女穿梭

①右转身 180°，同时左手倒把握住枪杆中部，下压枪头使枪杆把端向上翻起，当翻至枪把把端朝前时，右手倒把，掌心向下向枪缨处滑杆，握住枪头，上右步，同时右手用力，将枪尖贴右腿外侧向身后扎出，左手自然滑杆配合右手动作，扎出时可双膝弯曲成坐步式，向右拧头回视。（图 2–60）

②上左足成坐步式，同时左手倒把滑杆至枪缨处握住枪头，右手倒把握在枪杆中间，左手用力，将枪尖贴左腿外侧向身后扎出，右手自然滑杆配合左手动作。向左拧头回视。（图 2–61）

③上右足成坐步式，同时右手倒把滑杆至枪缨处握住枪头，左手倒把握在枪杆中间，右手用力，将枪尖贴右腿外侧向身后扎出，左手自然滑杆配合右手动作，向右拧头回视。（图 2–62）

④上左足成坐步式，同时左手倒把滑杆至枪缨处握住枪头，右手倒把握在枪杆中间，左手用力，将枪尖贴左腿外侧向身后扎出，右手自然滑杆配合左手动作，向

左拧头回视。（图 2-63）

**要点:** 四个玉女穿梭，动作要灵活、连贯，一气呵成。向身后扎枪时要坐身，要拧身，也可向前倾身，力在枪尖。

图 2-60

图 2-61

图 2-62

图 2-63

## 23. 拦拿扎

向左转体 45°，再向左扣右足，转体 180° 成四六步。此时与起势方向相同，随之做“拦”“拿”“扎”，扎成中平枪式，二目前视。（图 2-64~ 图 2-66）

图 2-64

图 2-65

图 2-66

## 24. 怀抱琵琶

①重心移至右腿，左足足尖点地成虚步，同时右手抽回枪杆，边抽拉边用力向左肩前上方抽打，左手自然滑杆配合，成左手上、右手下的抱枪姿势，名曰“怀抱琵琶”。目视枪尖。（图 2-67）

②左手向右手处滑杆，同时用力推送枪杆，使枪尖向头部前上方轮打，力在枪尖。二目前视。（图 2-68）

**要点：**抽拉、推送枪杆时要与手的滑杆相协调、相配合。回抽、拨打时力在枪杆的前半部，抡打时力在枪尖，力度的大小要灵活掌握。

图 2-67

图 2-68

## 25. 收势

上右足成立正姿势，同时枪交右手，枪身直立，置于身体右侧，二目向前平视。（图 2-69）

**要点：**精神集中，气定神怡。

图 2-69

刘敬儒演练八卦剑

# 第三章 八卦剑

（动作演示：刘敬儒）

八卦剑概述

龙形剑套路

我随启蒙恩师骆兴武先生学过八卦刀法，随六合螳螂拳恩师单香陵先生学过形意三才对剑，随师伯王达三先生学过八卦纯阳剑，随师叔王文魁先生学过八卦连环剑，向恩师何忠祺先生、刘谈峰先生请教过刀法和剑法，又跟朋友学过武当剑、太极剑等，因而对剑法情有独钟。我喜欢剑法的飘逸和灵动，更羡慕古代剑客们的侠义之风，仗剑江湖，管尽天下不平事。但祖师爷董海川没有传留下剑法，故而，我根据八卦刀法，依据八卦掌之技击内涵，演练出此套八卦剑法，献给广大武术爱好者。

此套剑法结构严谨，动作潇洒、飘逸，姿态优美，实战性强，具有愉悦身心、自卫防身和强身健体的价值。

八卦剑的规格：剑长四尺二寸（约 1.4 米），可以根据个人身高适当缩短些；重 1 千克以上。

八卦掌以掌为法，以走为用。因而八卦剑要以剑为法，以走为用。剑法与走结合演练时，要人随剑走，剑随人转，身剑合一，更要滔滔不绝，绵绵不断，层出不穷，变化多端，随心所欲。

# 一、动作名称

1. 起势
2. 进步劈剑
3. 提膝圈剑
4. 独立劈剑
5. 海底捞月
6. 右转剑
7. 下截剑
8. 落步劈剑
9. 带剑
10. 海底捞月
11. 左转剑
12. 中心刺剑
13. 左右片膀
14. 转身探剑
15. 进步挂剑
16. 掖剑
17. 犀牛望月
18. 进步崩剑（走圈）
19. 金丝缠腕
20. 翻身剑
21. 摩身剑
22. 孤雁出群
23. 风摆荷叶
24. 拨草寻蛇
25. 顺水推舟
26. 顺风使舵
27. 金风扫地
28. 凤凰三点头
29. 快马加鞭
30. 翻江入海
31. 剪腕
32. 金针入地
33. 凤凰展翅
34. 玉带围腰
35. 望月摘星
36. 开剑
37. 掖剑
38. 收势

# 二、动作图解

## 1. 起势

①身体立正。左手持剑，剑身贴在左臂之后，垂于身体左侧。右手握拳，伸食、中二指，名“剑诀”或“剑指”，垂于身体右侧。二目向前平视。（图 3–1）

②左手反手持剑，向胸前抬臂屈肘，高与肩平，剑把置于右肩前。右臂向胸前抬臂屈肘，将右手剑指搭在左手背上，成怀中抱剑姿势。二目向前平视。（图 3–2）

## 2. 进步劈剑

剑交右手，在身体右前方上右足成四六步，同时右手持剑，剑刃朝上向右膝前劈下，左手剑指伸在头部左上方。二目视剑身。（图 3–3）

**要点：**劈剑时要腕部向下弯曲，用腕力，力达剑尖。

图 3-1

图 3-2

图 3-3

### 3. 提膝圈剑

提右膝成独立步，同时右臂内旋右腕向内、向前拧动，剑尖也同样会向内、向前拧动一圈，剑刃朝前、剑尖朝下停在右腿前，左手剑指搭在右腕部，目视剑身。（图 3-4）

**要点：**剑尖拧动时要含前推之力，剑刃朝前。

### 4. 独立劈剑

落右足提左膝成独立步，同时右手持剑向体前劈下，左手剑指上扬，伸架于头部左前上方，目视剑身。（图 3-5）

图 3-4

图 3-5

### 5. 海底捞月

①向身后落左足成右弓步，同时右手持剑向身前下劈，剑身几乎贴在地面，二目视剑身。（图 3–6）

②右臂外旋，手心朝上握剑，当向上起身时，自左足前向身左逐步抄起，左臂外摆配合，目随剑动。（图 3–7）

**要点：**以上动作要连贯，一气呵成。抄剑时重心逐步左移，剑由低（几乎擦着地皮）向上逐渐抄起，要身剑合一，协调一致。

图 3–6

图 3–7

### 6. 右转剑

向左前方上右步，同时将抄起之剑置于右额前上方，此时掌心向上持剑不动，剑尖比剑把稍低，左手伸至左额前上方，剑指与剑身连成一线，向右拧头托剑右走圈，目视剑身。（图 3–8）

**要点：**托剑走圈时，要拧腰转体，所托之剑要高过头部。

### 7. 下截剑

①托剑右转一圈后，向左转体 180°，扣右足，同时将剑举过头顶，剑尖向右，左手置于右腋下，目视体左方向。（图 3–9）

②左转身，提左膝成独立步，同时左手剑指上伸，右手持剑向左足之前下截，目视剑身。（图 3–10）

**要点：**向圈外扣右足时，必须将剑举过头顶，然后才可漫头下截，下截之剑要平落。

### 8. 落步劈剑

左足向身后落步成右弓步，同时右手持剑向面前劈下，左手剑指伸在左额上方，二目视剑。（图 3–11）

图 3-8

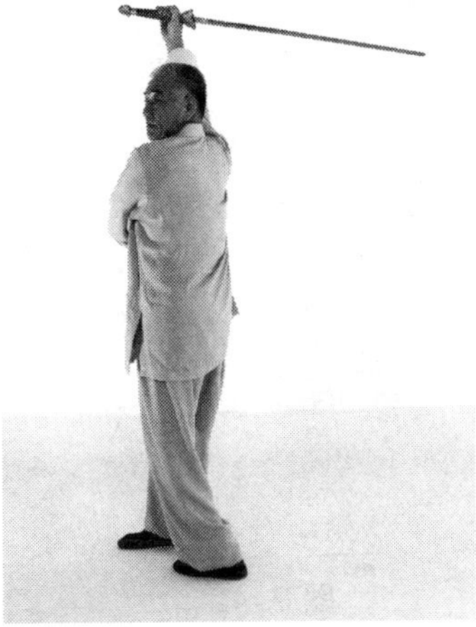

图 3-9

图 3-10

图 3-11

## 9. 带剑

左转身成左仆步，同时右臂外旋，掌心朝内持剑，在头顶前上方自右向左带动，左手按于剑把上，目视剑身。（图 3-12）

**要点：**所带之剑的剑尖、剑身、剑把成一水平线。

## 10. 海底捞月

身体下坐成左弓步，同时右臂内旋，掌心朝下持剑下落，目视剑身（图 3-13）。随之，向体右方向由低向高逐渐抄剑而起。

图 3–12

图 3–13

## 11. 左转剑

接上式，当右手掌心朝前持剑，将剑捞到右额前上方时，在面前向身左刺出，置于左额斜前方，同时左手剑指搭在右腕之上，向左拧头视剑，开始向左托剑走圈。（图 3–14）

**要点：**“海底捞月”与“左转剑”要连贯，一气呵成。“左转剑”时要向圆心拧腰转体，所持之剑要高过头顶。

## 12. 中心刺剑

向左持剑走圈时，突然扣右足向圆心上左步，即向左转体 90° 面对圆心，左手掌心朝下将剑指指向中心方向，随之再向中心上右步，同时右臂外旋，当拧成虎口朝上时，将剑尖刺向身体正前方，同时左手变成掌，按在右腕之上助力。二目前视。（图 3–15）

图 3–14

图 3–15

**要点**：转体要突然，剑尖随剑指方向突然刺出，刺剑要有力。

## 13. 左右片膀

①向前上左步，同时右手向上拧腕，当拧成掌心朝下、剑刃朝上时，向左膀外侧砍下，名“左片膀”，同时左手剑指上指，向左拧头回视左剑。（图 3–16）

②右转身，上右步，同时向上翻右腕，当掌心朝上、剑刃朝下时，向右肩外侧砍下，名“右片膀”。向右拧头目视剑身。（图 3–17）

**要点**：左片膀、右片膀要连贯，一气呵成。将剑片在肩外砍平则可，不能练成剑尖朝下的向后劈剑。

图 3–16

图 3–17

## 14. 转身探剑

向前上左步，扣右足，左转回身撤左足与右足并步，同时右手虎口朝下持剑，当剑刃朝上时向面前刺出，左手剑指搭于右手手背，二目平视。（图 3–18）

**要点**：探剑时也可双足点地成虚步，同时含胸拔背。

图 3–18

## 15. 进步挂剑

①向前上左步，同时右手持剑，剑尖朝后下方，贴左腿外侧向身后刺出，左手剑指搭在右腕上，目视左后方。（图 3–19）

②右臂外旋向上翻腕，将剑返回。上右步，同时向下翻腕，当剑尖朝后下方时，贴右腿外侧向身后刺出，左手剑指搭在右腕上，目视剑身。（图 3–20）

**要点：**左右挂剑要连贯完成，上左步时左挂剑，上右步时右挂剑，挂剑时可拧身配合，身剑合一。

图 3–19

图 3–20

## 16. 掖剑

右臂内旋，将剑返回，随后右臂继续内旋，手心向右，剑尖朝后下方时，向身后伸右腿成左弓步，同时贴右腿外侧将剑尖向身后刺出，左手剑指搭在右腕部，目视剑身。（图 3–21、图 3–22）

图 3–21

图 3–22

### 17. 犀牛望月

在左足后插右足成卧步，同时右臂外旋翻成掌心朝上持剑时，将剑尖向头部左侧前上方削出，左手剑指搭在右腕部，向左拧身上视剑尖。（图 3–23）

### 18. 进步崩剑（走圈）

起身，向前上右步，同时双臂向身体两侧抖弹将右剑崩出，剑尖朝斜上方，指向圆心，左手剑指高与剑平。目视剑身，向右走圈。（图 3–24）

**要点：** 崩剑时双手腕部一齐用力，崩出力量，达到身剑合一的境界。

图 3–23

图 3–24

### 19. 金丝缠腕

向右走转一周，在走转中右手掌心朝上持剑，剑尖指向圆心，自上向下、向左、向上、向右转腕一周，连续缠动三次，左手剑指搭在右腕助力，目视剑尖。（图 3–25）

**要点：** 剑的缠绕、步的走转要协调一致，身剑合一。

图 3–25

## 20. 翻身剑

①当第三次“金丝缠腕”结束后，向圆心上右步，同时，右臂内旋向上拧臂，当手心向右、剑刃朝上时向上扬起前伸，目视剑尖。（图 3–26）

②向右足前扣左足，左手剑指自右腋下指出，右手剑继续向前伸，伸剑时身体向右拧动翻身，成仰面朝天姿势，二目后视。（图 3–27）

图 3–26

图 3–27

## 21. 摩身剑

向左转体，摆左足，扣右足，同时右手掌心向下，向左屈腕将剑带回，剑尖朝斜下方，剑身贴在左臂外侧，左臂自然下垂，继续向左转体，原地摆左足扣右足，向左拧头，目视身后。（图 3–28）

**要点：**向左转体摆扣四步，无丝毫间隙，一气呵成。

## 22. 孤雁出群

当右足扣步时，提左膝成独立步，同时剑尖朝上，向右前上方刺出，左手剑指横架于头部上方，目视剑尖。（图 3–29）

**要点：**左右手的上指要同时，互相配合，协调一致。剑尖极力上刺，仿佛一只孤雁斜向飞出，离队而去。

## 23. 风摆荷叶

①落左足，左转身，上左步，同时右臂前伸，剑指朝前，随之在左足前上右步，左转身的同时，右手掌心朝上持剑，剑刃朝上，向体前撩出，左手剑指搭在右腕之上。目视剑身。（图 3–30）

②右转身，先上右步，再上左步，同时右臂内旋，虎口朝下持剑，剑刃朝上自下向体前撩出，左手剑指搭在右腕之上，目视剑尖。（图 3–31）

图 3–28

图 3–29

图 3–30

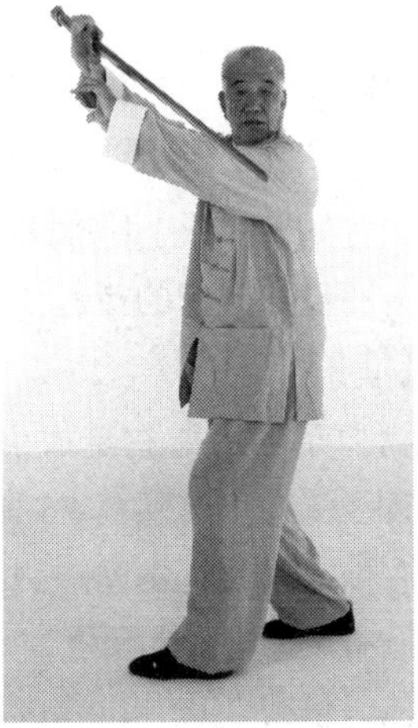

图 3–31

**要点：**向左、向右、再向左，共 3 次撩剑，动作要连贯，行步要自如，剑指、剑身要随动，绵绵不断，忽左忽右，犹如荷叶随风摇摆，故名“风摆荷叶”。

## 24. 拨草寻蛇

①原地扣右足，向左转体，上右步，同时右手将剑举至头上，剑尖向左，左剑指置于右肘下，目视前方。（图 3–32）

②继续左转身，连续快速小步撤左足、撤右足，再撤左足、撤右足成左虚步，在含胸收腹的同时，双臂下落，在腹前相交，随之剑尖、剑指分向两侧，目视身前。

（图 3–33）

**要点：**剑尖、剑指分得不要太大，边撤步，边分开，动作要连贯，一气呵成。

图 3–32

图 3–33

## 25. 顺水推舟

向前上左步、右步、左步，同时双臂内旋，右手掌心朝上持剑，剑刃朝上，左手剑指搭在右手背处，将剑自下向身前渐渐撩起，高与胸平。二目向前注视。（图 3–34）

**要点：**向前三步走与剑的撩起要协调一致，绵绵不断，一气呵成。

## 26. 顺风使舵

①向身后撤左足，再撤右足成虚步，同时右手掌心朝上持剑，剑刃朝外，向身体左侧回抽，目视剑身。（图 3–35）

②向前上右步，同时将剑朝前刺出，二目前视。（图 3–36）

③向身后撤右足，再撤左足成左虚步，同时右臂内旋，掌心朝下持剑，剑刃朝外，在身体右侧回抽，目视剑身。（图 3–37）

④向前上左步，再上右步，同时右臂外旋，掌心朝上持剑，剑尖朝斜上方，向体前刺出，二目前视。（图 3–38）

**要点：**撤步抽剑、上步刺剑要协调一致，绵绵不断，一气呵成。

## 27. 金风扫地

向身后撤右步，右足后插左足，右转体成卧步，同时右手掌心朝下持剑向身后扫出，向后拧身回视剑尖。又名“平沙落雁”。（图 3–39）

图 3-34

图 3-35

图 3-36

图 3-37

图 3-38

图 3-39

### 28. 凤凰三点头

①起身，向右转体 90° 上右步，同时右臂外旋，掌心朝上持剑向前上方点出，高过头部，二目上视。（图 3–40）

②身步不动，右臂内旋，当翻成掌心向下持剑时，向下屈右腕点剑，二目视剑。（图 3–41）

③向左转体 180° ，上右步，拧身回视时，右手持剑向右下方弧线劈出，二目注视劈出之剑。（图 3–42）

**要点：**上点剑、下点剑、后劈剑要连贯，上点下点之间要迅捷，点剑时要屈腕用腕部崩出力量，力在剑尖处。

图 3–40

图 3–41

图 3–42

## 29. 快马加鞭

连续上左步，上右步，上左步，同时右手持剑，剑刃朝下，在身后一上一下屈腕连续劈点三次，拧头回视。（图 3–43）

**要点：**上步与劈剑下点要同步，三步三劈点要连贯，一气呵成。完全用腕部力量，身后三劈剑的动作仿佛手持马鞭打马疾驰，故名“快马加鞭”。

## 30. 翻江入海

左转身，在左足前扣右足，同时右手持剑，剑刃朝下，自身后经头部向面前弧线劈下，劈剑时提左膝成右独立步，左手剑指尽力伸至头部左上方，二目前视剑尖。（图 3–44）

**要点：**劈剑时要提膝长身，姿势要挺拔，用腕部力量将剑尖点下。

图 3–43

图 3–44

## 31. 剪腕

①向身体左前方落左足，在体前上右足，足尖点地成右虚步，同时右手持剑，剑刃朝下，将剑尖自下向上、向右点出，目向前视。（图 3–45）

图 3–45

②向右前方横上右足，在体前上左足，足尖点地成左虚步，同时右手持剑，剑刃朝下，将剑尖自下向上、向左点出，左手剑指按于右腕，目视剑尖。（图 3–46）

**要点：**“剪腕”是剑法中最重要的技法，剪腕时一定要屈腕，将腕部力量点在剑尖上。剪腕时，步法、身法、剑法要协调合一，一气呵成。动作要敏捷灵动，身剑合一。

图 3–46

## 32. 金针入地

在右足前上左足，足尖点地成左虚步。同时，向左拧身，右臂内旋，剑尖朝下，下插于左足外侧，左手剑指搭在右手腕部，向左拧头目视剑尖。（图 3–47）

**要点：**足到剑到力也到，身剑合一方为真。

## 33. 凤凰展翅

向体前上右步，同时双臂外旋，翻成掌心朝上时，左手剑指与右手剑尖同时向左右前上方展开，目视剑尖。（图 3–48）

图 3–47

图 3–48

## 34. 玉带围腰

扣左足，右手将剑收回横于腹前，左手剑指按于右腕，向右转体一周，随之双臂左右展开，将剑向身后扫出，剑尖斜朝下，目视剑尖。（图 3–49、图 3–50）

图 3–49

图 3–50

## 35. 望月摘星

①左转身，同时双臂内旋，翻成掌心朝下时，合抱于胸前，剑尖朝上，仰视剑尖。（图 3–51）

②继续左转体，在左足前扣右足，上左步，同时左臂不动，右臂外旋翻成掌心朝上持剑时，向左前上方弧线片出，拧头仰视剑尖。（图 3–52）

**要点：**摆步、扣步要自如，身、剑、足一动无有不动，身剑合一，一气呵成。

图 3–51

图 3–52

### 36. 开剑

向身前上右步，同时右手掌心朝上持剑，将剑尖向身体右前方横向伸出，目视剑身。（图 3–53）

### 37. 掖剑

右转身，扣左足，同时右臂内旋，翻成掌心朝下持剑时，剑尖朝下，向身后刺出，左剑指按于右腕，拧身拧头回视剑尖。（图 3–54）

**要点：**剑、足、身一动无有不动，要灵活、协调，一气呵成。

图 3–53

图 3–54

### 38. 收势

①继续右转体，摆右足，扣左足，摆右足，剑交左手，二目前视。（图 3–55）

②面朝起势方向上左足，足尖点地成左虚步，左手持剑垂于身体左侧，右手变成剑指向体前伸出，二目前视。（图 3–56）

③上右足，右手不变成立正姿势，二目前视，精神贯注，气沉丹田，气定神怡。（图 3–57）

**要点：**此处摆步、扣步的作用有两个：一是动作本身的需求，二是利用摆扣步找到起势的方向。

图 3–55

图 3–56

图 3–57

刘敬儒演练八卦子午鸳鸯钺

# 第四章 八卦子午鸳鸯钺

（动作演示：卢鑫）

八卦子午鸳鸯钺概述

八卦子午鸳鸯钺套路

八卦子午鸳鸯钺，又名“日月弧形剑”，全名称是“鹿角、鱼尾、熊背、蛇身、凤眼、四尖九刃十三锋”。

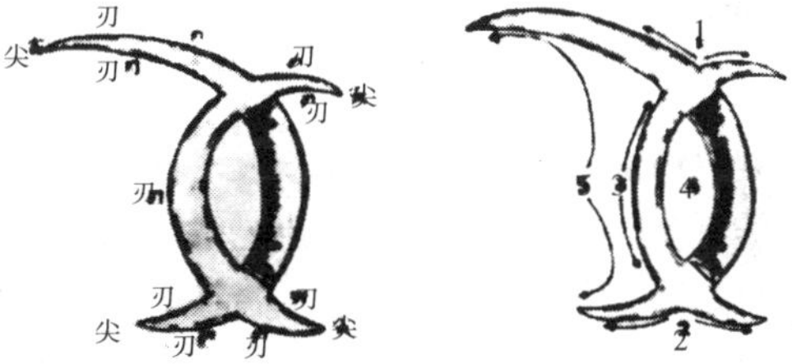


1. 鹿角　2. 鱼尾　3. 熊背　4. 凤眼　5. 蛇身

八卦子午鸳鸯钺是八卦掌门的独特兵器。董海川祖师爷最喜欢用此种兵器，程廷华先生也擅长这种兵器。程廷华先生传给其子程有龙，程有龙传给其弟程有信，程有信传给刘谈峰，刘谈峰传给刘敬儒。由程有龙先生整理的八卦子午鸳鸯钺有三个套路：第一套“二虎擒龙”，专门破枪和棍；第二套“双蛇戏凤”，专门破刀和剑；第三套“八门金锁”，按八大掌练习，变化多端，随心所欲。

1979 年，刘敬儒去广西南宁参加全国第一届武术观摩表演大会。临行前，刘敬儒去请教刘谈峰先生怎样表演八卦子午鸳鸯钺，因为这三套钺都是实战动作，不适合表演。刘谈峰先生让我创编了一个适合表演用的套路，取名为“八卦子午鸳鸯钺”。演练时要做到封闭闪展，上下翻飞，穿梭翻绕，滔滔不绝，潇洒稳健，变化万千，虚实分清，节奏鲜明，如龙生翼，如虎生风。练的是钺，要充分显示钺的内涵，同时也要显示八卦掌法的真功夫。

# 一、动作名称

1. 起势
2. 举目望月
3. 老翁撒网
4. 退步搂钺
5. 青龙探爪（走圈）
6. 闭门掩钺
7. 叶底藏花
8. 行步撩衣
9. 脑后摘盔
10. 燕子抄水
11. 走马活携
12. 叶底藏花
13. 背身吐信（右）
14. 背身吐信（左）
15. 白猿偷桃
16. 阴阳鱼
17. 仙人指路
18. 风摆荷叶
19. 拨草寻蛇
20. 日月并行
21. 顺水推舟（右）
22. 顺水推舟（左）
23. 狮子张口
24. 力劈华山
25. 紫燕振翅
26. 乳燕斜飞
27. 黄牛转角
28. 横扫千军
29. 指天插地
30. 枯树盘根
31. 推窗望月
32. 金风扫地
33. 玉带围腰
34. 提膝摆钺
35. 大蟒翻身
36. 怪蟒翻身
37. 金蛇缠柳
38. 三盘落地
39. 举目望月
40. 收势

# 二、动作图解

### 1. 起势

立正姿势，双手握钺垂于身体两侧，精神集中，二目向前平视。（图 4–1）

### 2. 举目望月

①上左足成重心前四后六的四六步，同时双手握钺掌心向内，双钺鱼尾相交向头部前上方推出，目视双钺，名“举目”。（图 4–2）

②双钺落下，上右步成重心前四后六的四六步，同时双臂内旋，双钺鹿角相交向头部前上方推出，目视双钺，名“望月”。（图 4–3）

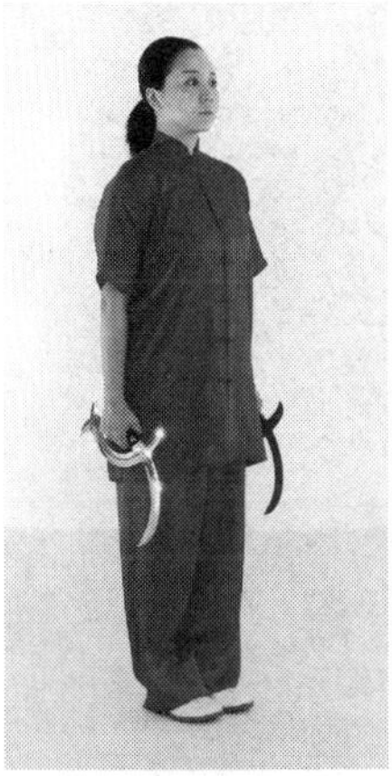

图 4–1

图 4–2

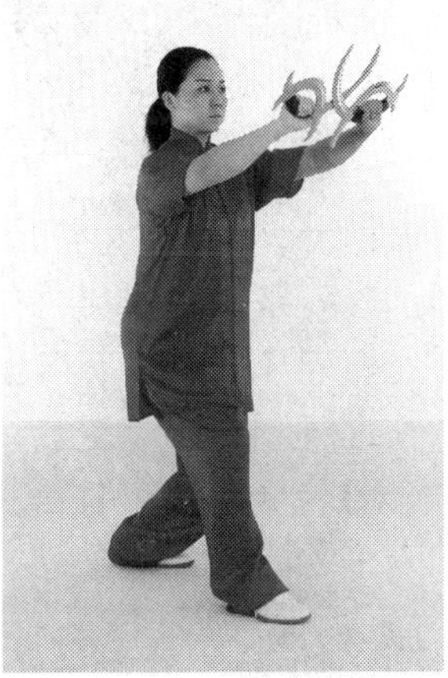

图 4–3

### 3. 老翁撒网

向左转身，上左足成四六步，同时左钺鹿角大尖朝下，在左膝前自右向左勾置于左膝外侧，随之左弓步，右手手心朝上，右钺鹿角朝体前平扫而出，二目向前平视。（图 4–4）

**要点：**动作要连贯，左弓步时要向前俯身，右钺伸出越远越好。

### 4. 退步搂钺

①向左后方撤右足，身体微向右转同时右手握钺，用鹿角在右膝前下搂，二目前视。（图 4–5）

②撤左足，足尖点地成左虚步，同时左手钺鹿角朝下，在左膝前下搂，置于左膝外侧，目视左钺。（图 4–6）

**要点：**以上动作要连贯、紧凑、灵活，一气呵成。

### 5. 青龙探爪（走圈）

①向身前上左步，跟右足成左虚步，同时双钺鹿角朝前向左侧挑出，二目前视。（图 4–7）

②在右足前上左步，双钺继续上挑，当挑成左钺在上，右钺在下时，向左拧腰走圈，二目注视双钺。（图 4–8）

**要点：**以上动作要连贯；向左走圈要拧腰转体，面对圆心，共走八步。

图 4–4

图 4–5

图 4–6

图 4–7

图 4–8

### 6. 闭门掩钺

右足在左足前扣步，同时左臂内旋屈肘，左手掌心向内握钺，鹿角朝上在面前向右拧臂掩钺，右手掌心朝下握钺，置于左肘之下，二目向前平视。（图 4–9）

### 7. 叶底藏花

①向右足左前方摆左足，右钺不动，向左转体的同时左臂内旋在胸前向前横撑，

二目前视。（图 4–10）

②在左足前扣右足，向左转体，左钺不动，右钺鹿角朝上，向左腋下推出，向左拧头平视。（图 4–11 背面图）

③在右足前扣左足，向右转体的同时，右手掌心朝上握钺，向体右前方平钺横扫，目视右钺。（图 4–12）

④继续向右转体，在左足右侧摆右足，右臂内旋向下翻动，当掌心朝下握钺时，将右钺在面前撑出，目视右钺。（图 4–13）

⑤在右足前扣左足，右钺不动，左钺鹿角朝上在右腋下向外推出，拧头目视左钺。。（图 4–14）

**要点：**以上动作要连贯，一气呵成。摆步扣步要灵活，钺、身、足动作要圆活，协调一致，身钺合一。

图 4–9

图 4–10

图 4–11 背面图

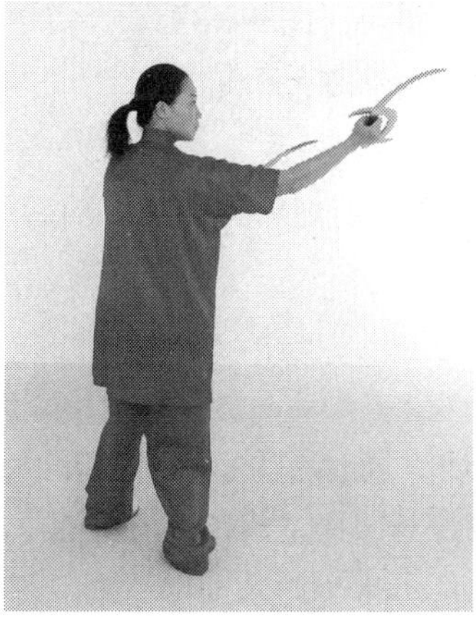

图 4–12

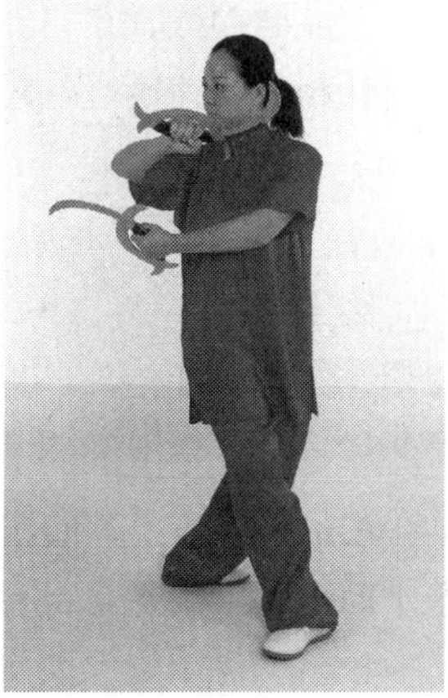

图 4–13

图 4–14

## 8. 行步撩衣

突然左转回身上左步，将藏花之钺，经胸前向下、向前画弧撩出，钺与肩平，右手钺置于腹前，二目注视左钺。（图 4–15）

## 9. 脑后摘盔

①在左足前扣右足，左转身，左钺不动，右手手心朝上握钺自左臂外侧向前穿钺，二目前视。（图 4–16）

②双足不动，向左拧身回头，右臂内旋屈肘，掌心向下握钺自颈后经头顶向左肩前推出，二目向左前平视。（图 4–17）

图 4–15

图 4–16

图 4–17

## 10. 燕子抄水

突然屈右膝蹲身，向身后撤左足，左转回身，成左半仆步，同时屈左腕成勾钺，沿左腿撩至左膝前上方，右钺置于左腿内侧，二目注视左钺。（图 4–18）

**要点：**转身要突然，下势越低越好，速度越快越好，身法越灵活越好。

## 11. 走马活携

左钺不动，右手手心向下握钺，随着向右拧腰，在右膝前画一大平圆，随后勾至腰际，二目注视右钺动作。（图 4–19）

**要点：**拧腰、画平圆要协调，圆活自如。

## 12. 叶底藏花

微起身，重心移至左足，在左足前扣右足，向左拧身，同时右手掌心向内握钺，鹿角小尖朝上，贴左肋自左腋下向身后推出，坐身合膝拧身回视左钺。（图 4–20）

图 4-18

图 4-19

图 4-20

### 13. 背身吐信（右）

①原地摆左足，右转身，上右步，同时左钺不动，右钺自腋下抽出，在面前屈肘翻腕，当翻至掌心向上时，以肘为轴，在头顶上自左向前画平圆扎出，二目前视。（图 4-21）

②在右足前扣左足，蹲身合膝，同时右臂内旋屈肘，右钺停在右肩之上，左钺停在右肘之下，目视右钺。原地摆右足，绕右足，扣左足，原地转身 360°，同时右钺向身体右前方扎出，高与肩平，二目注视右钺。（图 4-22、图 4-23）

图 4-21

图 4-22

图 4-23

③右转身，在右足前扣左足，同时左臂外旋，翻至掌心向上握钺时，自右臂下向前平钺穿出，目视前方。（图 4–24）

④双钺不动，重心移至左腿，右足在左足后插步，右转身，目视前方。（图 4–25）

⑤向右转身 180° ，可双足碾动，右弓步，右钺向体右扎出，目视右钺。随后重心左移成左弓步，向左前方扎左钺，随后又成右弓步，向右前方扎右钺，二目左右随视。（图 4–26）

图 4–24

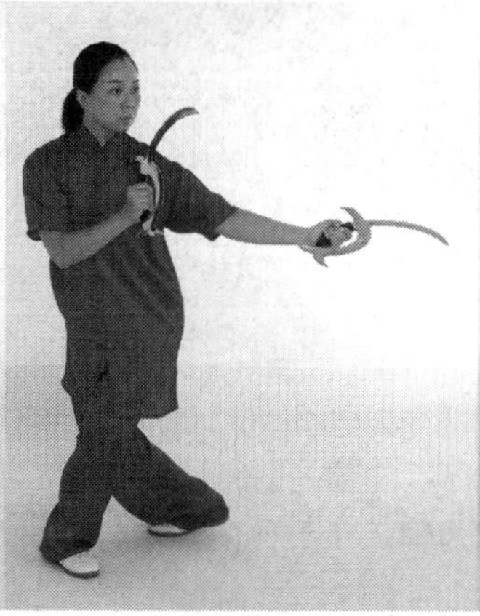

图 4–25

图 4–26

## 14. 背身吐信（左）

①重心移至右腿，左足向右足前上步，同时双臂内旋翻钺，随之屈肘将双钺收至胸前，右钺在下不动，左钺在上以肘为轴，掌心向上，在面前自左向前画弧云片扎出，目视左钺。（图 4–27）

②向左转身 180° ，向右足左后方摆左足，同时右钺不动，左臂屈肘，左钺停在左肩之上，鹿角大尖向上。目视左钺。（图 4–28）

③在左足前扣右足，向左转体 180° ，上左步，同时右钺不动，左钺向身体左前方扎出，目视左钺。（图 4–29）

④向左转体，在左足前扣右足，同时右臂外旋，掌心向上握钺，自左臂下向前平钺穿出，目视右钺。（图 4–30）

⑤双钺不动，重心移至右腿，左足向右足后插步，左转身，目视右钺。（图 4–31）

⑥再向左转体 180° ，双足碾动，左弓步，右钺不动，左钺向身体左前方扎出，目视左钺，随后重心右移成右弓步，右钺向右松肩扎出，目视右钺，随之左弓步，向左前方扎钺，目视左钺。（图 4–32）

**要点：**背身吐信（右）是向身体右侧沿直线练习，背身吐信（左）是向身体左侧沿直线练习，二者方向相反。原地摆扣步要灵活快速，向身体两侧扎钺时，要掌心上舔，似毒蛇吐信时的样子，又因是背身钺，故名“背身吐信”。要松肩，扎钺要快速、灵活，左右扎钺时，要有突左突右的感觉。

图 4–27

图 4–28

图 4–29

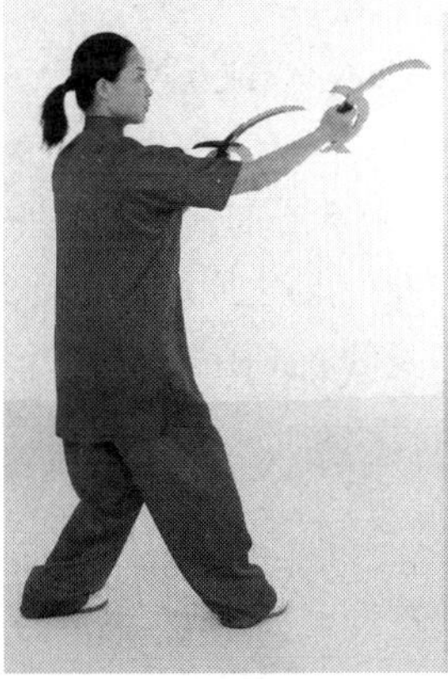

图 4–30

图 4–31

图 4–32

## 15. 白猿偷桃

①稍起身，撤左足又上左足，左钺收回，掌心向内握钺在身前向下画弧，随之向身体左侧撩出，名“行步撩衣”，右钺自然下按于身体，目视左钺。（图 4–33）

②左转身，上右足并步蹲身，同时掌心向上握右钺，自左钺下方向上撩出，目视左钺，名“白猿偷桃”。（图 4–34）

**要点：**以上动作要连贯，一气呵成。因从左钺下方偷偷扎出右钺，故名“偷桃”。

图 4-33

图 4-34

## 16. 阴阳鱼

①在右足前扣左足，右转身，同时左臂屈肘内旋，当掌心向外握钺时，鹿角小尖朝下，熊背朝前向右肩外推出，右钺不动，二目注视左钺。（图 4-35）

②向右转体，向左足右前方摆右足，双臂屈肘在胸前上下翻动，双钺互换位置，此时右钺在上，左钺在下，二目注视双钺。（图 4-36）

③继续向右转体，在右足前扣左足，同时左臂内旋，当翻成掌心向前时，将左钺推向右肩外，同时将右钺推置臀后，双钺成一前一后的阴阳鱼状。随之原地摆右足，扣左足，再摆右足，再扣左足，连续转动两圈。向右拧头注视身后。（图 4-37）

**要点：**以上动作要紧凑、连贯、圆活，一气呵成。

图 4-35

图 4-36

图 4-37

### 17. 仙人指路

左转体，摆左足，同时左钺向身后下搂，随之上右足与左足并步。在身体直立的同时，右掌心向下握钺，右钺鹿角朝前，向面前扎出，左钺置于右肘下，鹿角向斜上方。二目向前平视。（图 4–38）

图 4–38

### 18. 风摆荷叶

①向左前方上左步，同时左钺在腹前反腕撩出，随之在左足前上右步，右手钺自下向体前撩出，高与头平。目视右钺。（图 4–39）

②向右前方上右步，右钺抽回自下向腹前右前方反腕撩出，随之左臂内旋屈肘，左钺向右钺前上方撩出。二目注视左钺。（图 4–40）

③向左前方上左步，左转身，左钺在腹部左前方反腕撩出，右臂内旋屈肘，右钺自左钺后向左钺前上方撩出，二目注视右钺。（图 4–41）

**要点：**撩钺时一钺随一钺，要有先有后，不可两钺同时撩出。左右撩钺要连贯，一气呵成。动作要协调、飘逸，如风摆荷叶一般。

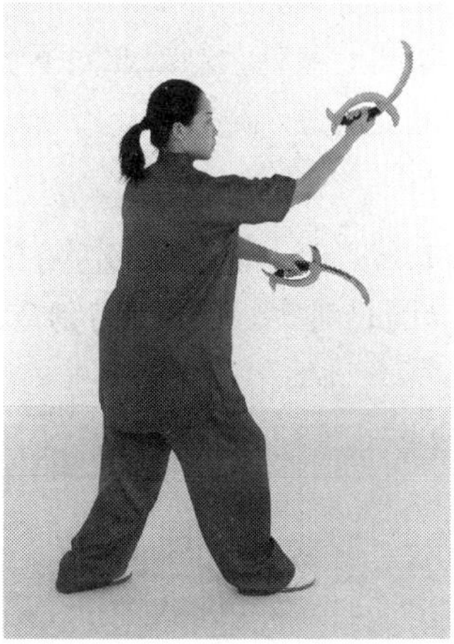

图 4–39

图 4–40

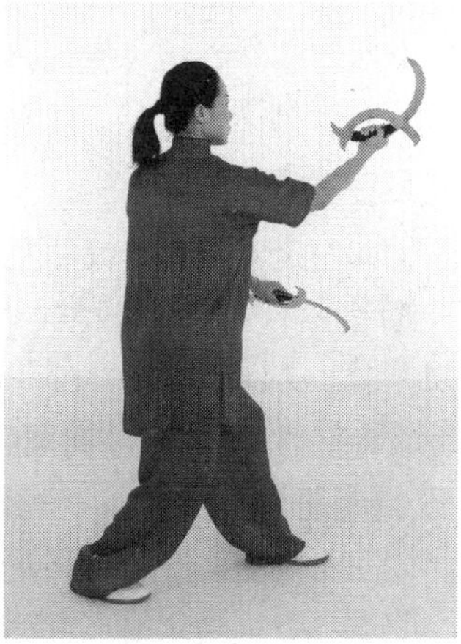

图 4–41

### 19. 拔草寻蛇

突然扣右足，左转回身，右钺漫过头顶，与左钺在腹前交叉，随之抽左足，缩身成左虚步，双钺在腹前左右分拨，二目注视双钺。（图 4–42）

**要点：**以上动作要连贯，一气呵成。动作要协调、圆活，一动无有不动，一静无有不静。也可以含胸拔背。

### 20. 日月并行

向前连续上左步，上右步，上左步，左钺在前，右钺在后，鹿角小尖朝上，随着步行自下而上向胸前伸出，二目向前平视。（图 4–43）

**要点：**动作要连贯，一气呵成。步、钺要协调一致，上下相随，一动无有不动。

### 21. 顺水推舟（右）

①突然向右转体，撤右足，再撤左足成左虚步，同时双钺鹿角大尖朝下在腹前向体右下搂。回搂时要含胸收腹，目视双钺。（图 4–44）

②随之上左步，上右步，上左步，向右走圈，同时双臂外旋，掌心向上，双钺鱼尾相对，向胸前推出，目视双钺。（图 4–45）

### 22. 顺水推舟（左）

①突然左转身，撤左足，再撤右足成右虚步，同时双钺鹿角大尖朝下在体前向体左下搂。回搂时要含胸收腹，目视双钺。（图 4–46）

②上右步，上左步，上右步，再上左步，向左走圈，同时双臂外旋，掌心向上，双钺鱼尾相对，向胸前推出，目视双钺。（图 4–47）

**要点：**先向右走圈，再突然向左走圈。双钺的回抽和伸出，有如荡秋千似的顺劲而行。

### 23. 狮子张口

突然双掌掌心相对握钺，右上左下成合抱姿势，右钺如同上嘴唇，左钺如同下嘴唇，故名“狮子张口”，向左走圈，目视圆心。（图 4–48）

### 24. 力劈华山

①向左走着走着，突然左足向外扣步，右臂外旋，翻成掌心向上握钺时向圆心削砍，随之左臂内旋，翻成掌心向下握钺时，在右钺上方也向圆心削砍，仿佛镰刀割草。目视左钺。（图 4–49）

②向右转体 360°，向圆心摆右足，右臂内旋翻动将钺劈向圆心。目视右钺。（图 4–50 侧面图）

③在右足前上左步，将左钺劈在右钺前方，目视左钺。（图 4–51）

**要点：**以上动作要连贯，下劈时要有力，故名“力劈华山”。

图 4-42

图 4-43

图 4-44

图 4-45

图 4-46

图 4-47

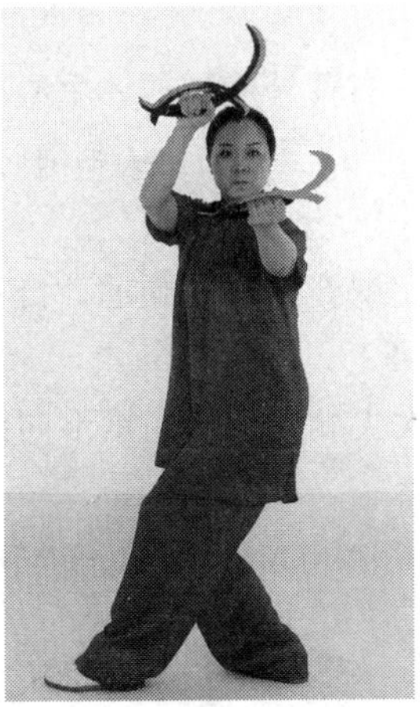

图 4-48

图 4-49

图 4-50 侧面图

## 25. 紫燕振翅

①向右转体，右足在左足后插步，同时右臂屈肘，掌心向内握钺，在左钺之上将鱼尾戳向左肩外，目视右钺。（图 4–52）

②以右足为轴碾动，向右转体 180°，同时双手掌心向上握钺，将双钺向身体两侧反臂砸下，目视右钺。（图 4–53）

**要点：**以上动作要连贯，一气呵成。向下砸钺时，双臂振动要有力，故名“紫燕振翅”。

## 26. 乳燕斜飞

①向左转体 180°，在左足前扣右足，同时右臂内旋拧动，当翻成掌心朝外，鹿角朝下时，向左肩外反腕推出，左臂内旋，左钺置于右肘后，目视右钺。（图 4–54）

②左足在体左上一大步，左转身，同时左手掌心朝上握钺，向身体左前方伸臂扎出，右臂内旋，右钺置于右肘下，目视左钺。（图 4–55）

③右足向身右斜前方上一大步，右转身同时右臂外旋，当翻成掌心朝上握钺时，将右钺向身右斜前方扎出，左钺立于右肘内侧，目视右钺。（图 4–56）

**要点：**以上动作要连贯，一气呵成。右钺伸臂扎出时可弓步，极力向体右斜前方扎出。

## 27. 黄牛转角

向右转体，扣左足，摆右足，扣左足，同时右臂内旋握钺，左臂外旋握钺，双手掌心相对，右钺在前稍高，左钺在后稍低，在右额角斜上方向右拧转，同时向右拧颈抬头，注视双钺。（图 4–57）

**要点：**以上动作要连贯，一气呵成。在右额头的斜上方拧转双钺，仿佛黄牛犄角向右拧动似的，故名“黄牛转角”。

## 28. 横扫千军

①突然左转回身上右步，左臂内旋，左钺横于右肘下，右臂外旋屈肘，手心朝上握钺，以肘尖为轴，在头部前上方自左至后至前云片一周，当片至鹿角小尖朝前时，二目向前平视。（图 4–58）

②向提前上左步，左转身，同时左手掌心朝上握钺，左钺鹿角大尖朝前，自右钺下向体左横向伸出，右钺置于左肘下，目视左钺。（图 4–59）

③向体前上右步，右转身，右手掌心朝上握钺，鹿角大尖朝前，自左钺下向体右横向伸出，左钺置于右肘下，目视右钺。（图 4–60）

**要点：**以上动作要连贯，一气呵成。

图 4-51

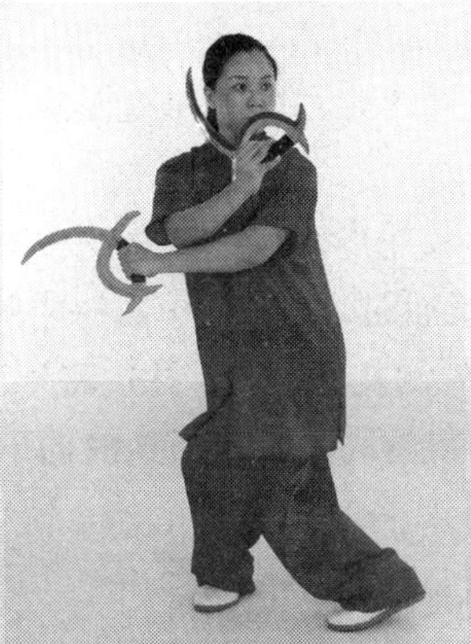
图 4-52

图 4-53

图 4-54

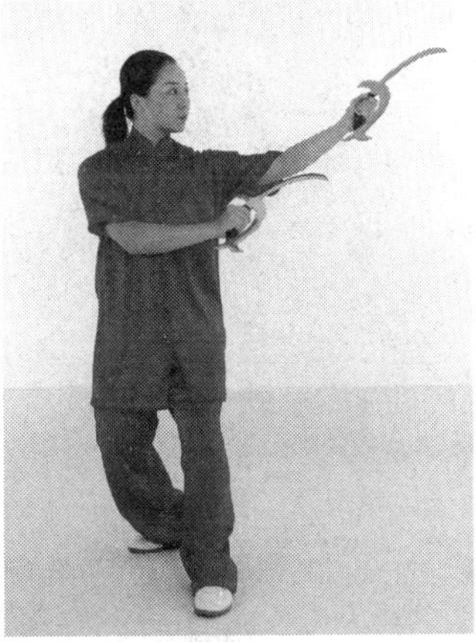
图 4-55

图 4-56

图 4-57

图 4-58

图 4-59

图 4-60

## 29. 指天插地

①左转体，摆左足，同时左臂内旋，屈肘屈腕握钺，经左腋下向身后扎出。目视左钺。（图 4-61）

②在左足前扣右足，收左足成并步，起身直立，右钺经左腋下沿左臂向右上方极力扎出，名“指天”，左臂外旋屈肘，左钺立于右肘内侧，目视右钺。（图 4-62）

③左钺鹿角大尖朝下沿右腿外侧扎下，边下扎边蹲身，目视左钺。（图 4-63）

**要点：** 指天时极力向上，指得越高越好。插地时向下蹲身将钺扎至地面上方，扎得越低越好。

图 4-61

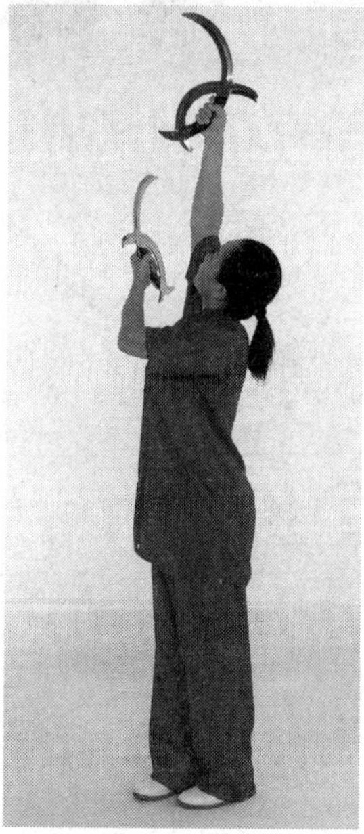

图 4-62

图 4-63

## 30. 枯树盘根

①下蹲姿势不变，双臂外旋双手掌心朝外握钺，当向体左伸左腿成仆步时，双钺向身体两侧分开，右钺置于右膝前，左钺伸至左足上，目视左钺。（图 4-64）

②还原下蹲姿势，向右转体扣左足，双钺交叉抱于胸前，目视双钺。（图 4-65）

③向左转体扣右足，伸左腿成仆步，同时将双钺再次向身体两侧展开，目视左钺。（图 4-66）

**要点：** 以上动作都是在蹲身姿势下完成的，要连贯，一气呵成。

## 31. 推窗望月

①起身，向身后撤右足，再向右足旁撤左足成半蹲姿势，同时双钺相对，用鹿角自左前方向后回带，目视前方。（图 4-67）

图 4-64

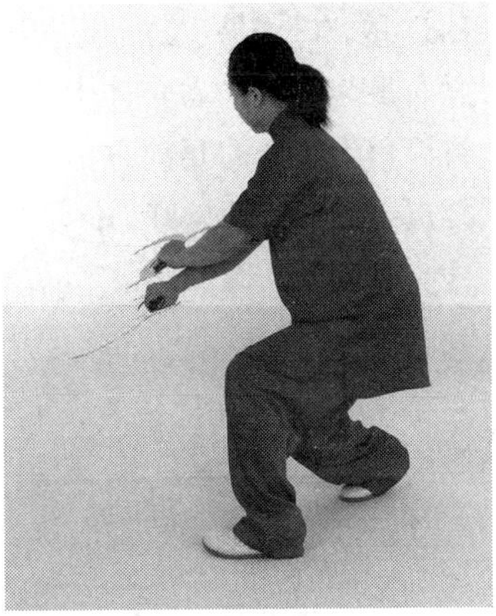
图 4-65

图 4-66

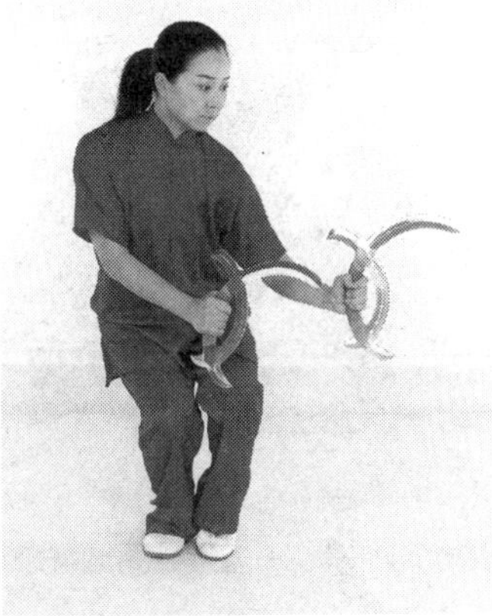
图 4-67

②向身前上左足，右足在左足后插步，同时双钺姿势不变向左前方推出，目视双钺。（图 4-68）

**要点：**向后带钺与向前推钺要连贯，衔接得越紧越好。

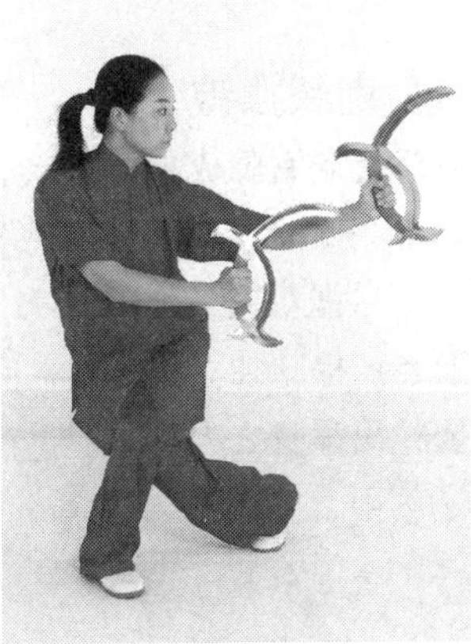
图 4-68

### 32. 金风扫地

以右足为轴，向右转体 180°，伸右足成仆步，同时左钺不动，右手掌心朝下握钺，将鹿角大尖向右足前方扫出，目视右钺。（图 4–69）

**要点：**仆步越低越好，仆步扫钺可向前伏身，伏得越低越好，故名“金风扫地”。

### 33. 玉带围腰

起身，先左转体 90°，再左转体 180°，带回右钺于体前，继续左转体 90°，上左步，同时双钺上下翻转互换位置，右钺在下，左钺在上，随之左手掌心朝下握钺向身左平扫而出，目视左钺。（图 4–70）

**要点：**以上动作要紧密衔接，一气呵成。

图 4–69

图 4–70

### 34. 提膝摆钺

突然提起右膝成独立步，上体右转，同时双钺相对，鹿角朝上向身体右侧横拍而出，目视双钺。（图 4–71）

**要点：**提膝独立要突然，向右横拍双钺时要拍出浑身之力。

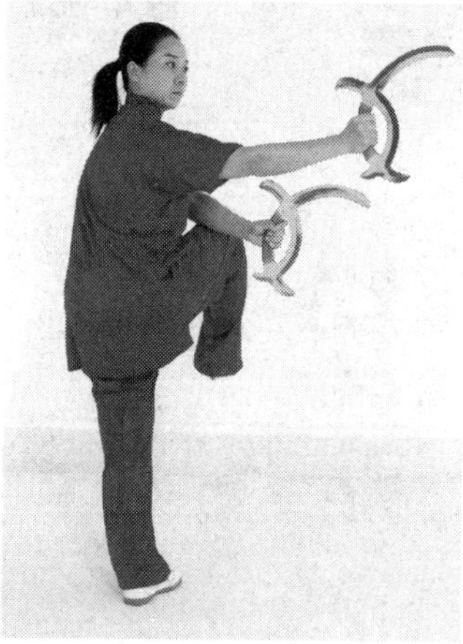
图 4–71

### 35. 大蟒翻身

①向左后方落右足，左转俯身屈膝，同时右臂屈肘屈腕握钺，右钺鹿角朝后，自右腋下向身后扎出，左钺置于胸前，目视右钺。（图 4–72）

②在右足前扣左足，右转 180°，同时左钺鹿角朝右自右腋下扎出，目视左钺。（图 4–73）

③左足尖碾动，右足尖点地成虚步，向后大仰身，左臂外旋，手心向上撑，左钺向体前扎出，右钺伸至脑后，二目仰视。（图 4–74）

**要点：**以上动作要连贯，一气呵成。开始时弯腰俯身，左钺扎出时俯身变成仰身。故名“大蟒翻身”。

图 4–72

图 4–73

图 4–74

### 36. 怪蟒翻身

①向身后摆左足，向左转体 180°，屈膝弯腰附身，同时左臂屈臂屈腕，左钺鹿角朝下自左腋下向后扎出，右钺横于左肩下，目视左钺。（图 4–75）

图 4–75

②在右足前扣左足，右转身，屈膝弯腰俯身，右钺护于腹前，左钺钺尖朝前向身后扎出，目视左钺。（图 4–76）

③向后仰身，左腿向前上方踢出，同时右钺向体前扎出，左钺向脑后伸出。目视左钺。（图 4–77）

**要点：**仰身时腰要松柔，身体仰得越平越好。

图 4–76

图 4–77

## 37. 金蛇缠柳

①在即将仰倒时，身体向左拧动，同时左臂屈肘屈腕内旋，钺尖朝下扎向地面。目视左钺。随之在左足前扣右足，双钺体前交叉，二目向前平视。（图 4–78）

②摆左足，扣右足，摆左足，扣右足，在原地摆扣转动中，右钺向左肩外逐步下落，向左拧头注视右钺。（图 4–79）

**要点：**以上动作都要在原地进行，摆步与扣步在左转体的过程中完成，钺的下落和足的摆扣要协调自如。

## 38. 三盘落地

接上势，当向左转体到起势的相同方向时，向体左下式成左仆步，同时双钺鹿角朝下落于身体两侧，右钺高，左钺低，左钺落至左足上方，目视左钺。（图 4–80）

## 39. 举目望月

①起身，向体前上左足成四六步，同时双手掌心向内握钺，鱼尾相交，向头部前上方推出，目视双钺。（图 4–81）

②双钺落下上右足成四六步，同时双臂内旋，掌心朝前，鹿角相交重叠向头部前上方推出，目视双钺。（图 4–82）

## 40. 收势

向身后撤右足，再撤左足，成立正姿势，同时双钺落下置于身体两侧，二目向前平视。（图 4–83）

**要点：**精神集中，气定神闲。

图 4–78

图 4–79

图 4–80

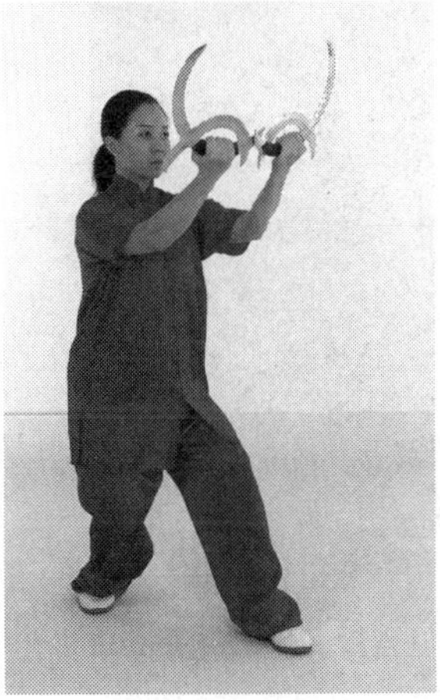

图 4–81

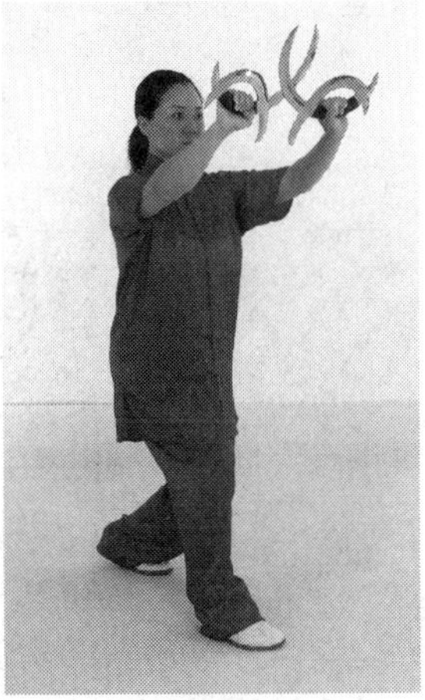

图 4–82

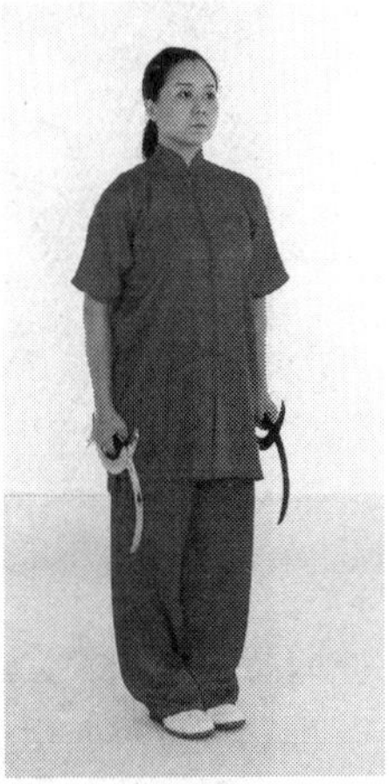

图 4–83

刘敬儒与恩师骆兴武先生合影

# 附录

# 我的从武之路

刘敬儒 著

1999年，我的第一部著作《八卦掌》出版发行，其中一个章节专门介绍了我的从武之路。随后，《武魂》杂志分两期刊载了这篇文章，得到广大读者和武术爱好者的认可和喜爱。直到今天，仍有人建议我进一步充实原书稿内容，详细介绍当年北京武坛的情况，再现当年武坛盛况。于是，我决定写一写自己见过哪些老前辈，他们说过什么、教过什么，自己学过什么、有何体会；谈一谈自己从武65年所闻所见，以及对一些问题的见解和认识，哪怕是有争议的问题，可供争鸣；还可以写一写自己65年练功的经验、心得、体会等。所以，我就如实写出以下一些回忆，供大家阅读、了解和参考。题目仍沿用《我的从武之路》。

1936年，我出生在河北省高阳县（与白洋淀毗邻），这里曾发生过平原游击队、红旗谱等故事，是著名抗日根据地。在十四年抗战期间，全县老百姓顽强地与日寇斗争。我家的房子下还挖了一条地道呢，抗日将领佟麟阁就是高阳人。高阳是北方昆曲的发祥地，著名的昆曲大师韩其昌、白云生、侯玉山、侯永奎都是高阳人，京剧武生泰斗盖叫天也是高阳人。高阳还是中国武坛上绵拳、翻子拳的发祥地，因此被誉为“武术之乡”。

每年春节，来自四面八方的少林会、小车会、狮子会、高跷队等都会来高阳城内表演献艺，最热闹的地方是为纪念孙榜眼而立的石牌坊附近。我站在路边看，一看就是大半天，其中百看不厌的要数高跷队啦。

看！高跷队来了，他们个个双腿绑着一米高的木跷，踩着当、当、当当当的锣鼓点，排成长长的一串，边走边演，各显奇技。打头的是一位头扎金箍的头陀，双手随锣鼓点挥着短棒，身姿优美威风，他是高跷队的头头，一切都看他的指挥棒行事。

看！又走来了一位颤巍巍的老渔翁，他晃动着身子，甩着胡须，手举钓竿在空中不停地挥舞，突然，一个趔趄。啊呀！把观众吓一跳。原来他是在表演特技，观众不由地呼喊叫好，报以热烈的掌声。后面又跟来了一位身穿戏袍，手摇折扇的白面书生，旁边还跟着一位花枝招展的小娘子，手拿绣帕，不时掩嘴微笑，一幅羞答答的样子。书生要手摇折扇倒退着走，小娘子要千娇百媚地扭着身子走，二人相互调笑，引来阵阵掌声和欢笑声。啊，后面还有老媒婆、老樵夫……一眼望不到尽头。

高跷队里最逗我欢乐和令我佩服的是那位小花脸的小丑，他头上用红绒绳扎着个朝天杵小辫，穿着大红裤子，上身只穿着小孩儿围的大红兜肚，一手拿着糖葫芦，一手提着黑色大夜壶，随着锣鼓点，一会儿朝前走，一会儿倒着走，一会儿在队伍中穿插走，一会儿抬着一条腿跳着走，时时表演惊险动作，时时向队员们打诨取笑，还把糖葫芦或大黑壶送到他人嘴边，逗得观众哈哈大笑，爆发出一阵接一阵的笑声和掌声。到了石牌坊，有人已把高高的长条板凳横在队伍前面了，高跷队里的人要个个飞跃而过，头陀和小丑还要跳过两个摞起来的板凳，跃过时人人要各显其能，有的张飞骗马，有的飞脚……高跷队过不了石牌坊，就打道回府吧！这一切，在我幼小的心灵里留下了不可磨灭的影子，令我至今仍记忆犹新，津津乐道，这就是我的尚武精神的萌动吧！

1946年，我们全家迁到了保定，住在东大街县学胡同。记得胡同口街道对面有家报社，旁边是一所学校，还有一家武馆。有一位四十来岁的武术老师，瘦高个子，每天下午放学后，总是教一些孩子练武术，也教成年人。由于我刚从农村来，胆子小，也怯场，虽然喜欢但不敢跟人家练，只是在旁边看着，直到家里大人喊我吃晚饭，才恋恋不舍地回去。现在回想起来，好像他们练的是少林拳，仿佛还有形意拳。这件事给我留下了深深的印象，在我幼小的心里埋下了学武的种子。

## 武侠小说迷

1947 年，我们举家迁到了北京，住在崇外河泊厂南口。我家往北 50 米处有一家简陋的茶馆，冬天在屋内喝茶，夏天就在屋前搭的席棚下喝茶。一早一晚，席棚下还是茶馆掌柜的教徒弟们的练武场。掌柜的名叫崔玉贵，近六十岁，是程廷华先生著名弟子张玉魁的徒弟。

张玉魁是磨面粉出身，每天要赶着小毛驴磨面，小毛驴围着磨盘转，张玉魁就跟着小毛驴转，每当磨眼中小麦磨完时，他就双手举口袋，一边转走，一边哗哗地向磨眼倒麦，所以功夫十分深厚，人称“磨倌张”。他与阚龄峰（阚八爷）、李文彪（大令）、冯俊义（飞腿）称为程门顶门四大弟子，其次才能轮到程有功、程有龙、孙禄堂、郭凤德、姬凤祥、周祥、杨明山、刘斌等。这些人在武林中大名鼎鼎，为八卦掌的发扬光大做出了巨大贡献。崔玉贵先生是“磨倌张”的弟子，郭古民先生是梁振圃的弟子，在八卦门中比崔玉贵长一辈，但两人却拜了把兄弟，可见崔先生功夫不一般。又因我与崔先生的弟子周鼎贤、沈培禄关系密切，故知之颇详。

崔玉贵所开的茶馆就在我家北边，所以那时我能看到崔先生教徒弟练习八卦掌或八卦刀，一只手托着四尺二寸长的单刀，多沉呀！多大功夫呀！令我又惊奇又羡慕，心想等我长大了也要学学八卦掌！

我在崇文区（2010 年并入东城区）的国民一小（金台书院）上小学，每天晚上除了一篇大字、四行小字的作业外就是偷偷看小说。第一部书是《薛仁贵征东》，即火头军白袍薛礼救驾，保李世民跨海征东的故事。但印象最深的是《说岳全传》，其中的“岳飞夺帅”“岳母刺字”“沥泉得枪”“大战朱仙镇”“风波亭”等故事深深地吸引了我，打动了我。岳飞的民族英雄形象和气概，令我无限崇拜和敬仰，我立志将来要做一个像岳飞那样文武双全的人，报效国家。这些故事，直到今天，我还能如数家珍，历历在目。

1951 年，我考上了北京市十一中。那时学生作业很少，负担很轻，于是我就成了名副其实的武侠小说迷。我最爱看长篇技击小说，郑证因著的《鹰爪王》、宫白羽著的《十二金钱镖》、王度庐著的《铁骑银瓶》、还珠楼主著的《蜀山剑侠传》《青城十九侠》……不下数百册。因怕家长呵斥，只好晚上不开灯，在床头小桌上偷偷点着蜡烛，趴在被窝里看，有时被故事吸引着，常常看个通宵。

我家离天桥不远，从学校往南走就是金鱼池。金鱼池有足球场大，走街串巷吆喝着“买小金鱼哟”的人卖的小金鱼，大都是由金鱼池养殖和贩出的。过了金鱼池就到了老舍笔下的龙须沟，穿过龙须沟往东南不远就到了天桥。我每个星期日都去逛天桥，但是，对宝三的摔跤、张宝忠的耍大刀、小金牙的拉洋片、小疯子的京剧清唱、朱国全的手开石头等都是走马观花，匆匆而过，我一心直奔天桥三角市场去听陶湘九的评书《三侠剑》或是《雍正剑侠图》。每当说到童林露面时，说书人的那段固定念白，我几乎背了下来："姓童单字名林字叫海川，江西金顶玉皇观随尚道明、贺道元学艺八载，昼夜合功一十六年；绕大树，练金丝柳叶摩身掌；奉师命下山，另立一个门户，另兴一家把式……身穿土黄布裤褂，左大衿，白纽子，脚穿一双洒鞋，紫微微的脸庞，一条大辫子油黑挂亮，盘在颈后。杭州擂，双钺分双剑，群雄贺号，震八方紫面昆仑侠。"童林令我无限崇拜，他的命运紧紧揪着我的心。为了早点儿知道故事的情节，我到北京市的各个租书摊租《雍正剑侠图》。为了看第 40 本，我跑遍了花市、天桥、东单、西单、东四、西四、鼓楼、前门劝业场，全北京的租书摊都没有租到，后来才知道在北京根本就没有出过第 40 本，害得我跑了冤枉道。

小学时我就喜欢打篮球，初中时我是十一中的篮球代表队队员，所以高中我一定要考北京市篮球最好的二十六中（北京汇文中学）。1954 年我终于考上了二十六中，这是一所市重点中学，教学质量很高，考大学的升学率仅次于四中。学校很大，有体育馆，体育馆东边是标准的足球场，还有 400 米跑道，足球场南有一排 4 个篮球场，足球场东有一个新的标准篮球比赛场，旁边是由高到低依次排列的单杠、双杠等体育器械。我如鱼得水，开学后经过选拔终于成了二十六中篮球队队员，实现了我打篮球的愿望。武侠小说不能看了，因为从 1954 年开始，市政府一声令下，全市租书摊的武侠小说都没被收焚毁，我只好在学校图书馆借书看。《水浒传》《三国演义》《红楼梦》《子夜》《家》《春》《秋》《狂人日记》，还有托尔斯泰、果戈理、大仲马、小仲马、契诃夫等大作家的著作，可谓古今中外无不涉猎。但是，岳飞的民族气概，特别是童林的侠客形象，仍时时出现在我的脑海里，我立志学武、保家卫国、行侠仗义的伟大抱负天天在增长。

那时我一心想做岳飞那样的民族英雄，精忠报国。看人家练武，看崔先生教八卦掌，更想当童林那样的大侠客，仗剑江湖，打抱不平。小时就深深地埋下了学武的种子，随着年龄的增长，种子也从萌动到萌芽，从萌芽到生长，我学武的愿望也一天比一天更强烈，恨不得练成一身好功夫。

记得有一天，我觉得有人掐住我的脖子，差点让我窒息，于是我就挣扎着大喊起来，当我醒来时，我正躺在学校卫生室的病床上，旁边站着大夫、护士，还围着我的同学。原来，上体育课时，大家排着队一个个地跑过平衡木，轮到我时，我微微一笑就掉下来了，同学们一看我昏过去了，赶紧抬我到卫生室抢救。后来，经检查，我得了高血压。为什么得高血压呢？现在我明白了，因我父亲患高血压，有遗传基因，加之，我那样痴迷看小说，大脑得不到真正的休息，能不患高血压吗？结果就是从此免上体育课！每当体育课时，我就跟同学郑诗明（左上臂肌肉萎缩）打打羽毛球或者到处串游休息。但学校的篮球代表队不开除我，我仍能参加北京市的中学篮球比赛，甚而高二时我还被选入北京市中学生的篮球代表队，直至打到高三毕业。

1957 年我高中毕业，因兄妹共 8 人，我是老大，为帮助父亲养家糊口，不能报考梦寐以求的大学，只能从事小学教师工作，用微薄的工资贴补家用。但塞翁失马，焉知非福！我教的学生中有个叫骆燕茹的，是著名武术家骆兴武先生的女儿。由此我得识骆先生，拜骆先生为师，学习了形意拳和八卦掌。

## 拜师骆兴武先生

恩师骆兴武先生

骆先生是八卦掌大师程廷华先生的得意弟子李文彪和形意拳大师李存义的得意弟子郝恩光的高足，八卦掌、形意拳都有很深的造诣，享誉武林；20 世纪 20 年代被聘为黑龙江于省长的家庭武术教师，教其子女练习武术；后得吴俊升赏识，又被聘为吴俊升府内教官，跟正在张作霖府任教的程廷华之侄程有功先生住在一起，因而受教颇多。

1930 年，沈阳市举办东三省武术擂台赛，骆先生荣获第一名，受到张作霖嘉奖。程有功先生非常高兴，事后对骆先生说：“我因你得了第一名，一高兴多吃了两碗面！”东三省沦陷后，骆先生才定居北京。1949 年，骆先生创建“兴武国术社”。

骆先生高大魁梧，黑脸膛，双眼放光，炯炯有神，雄伟神气，晚年留了山羊胡，方显慈善可亲之态。又因骆先生待人诚恳，豪爽仗义，故被称为“黑旋风李逵”，并被誉为“德艺双全”“龙虎武师”。1958 年，北京市武术运动协会成立，会址设在北海体育场内，会长是李光，秘书长是刘佩伟，下设长拳组、太极拳组、形意八卦组，骆先生为形意八卦组组长，为武术事业的发展做出了贡献。

兴武国术社在延寿寺街 100 号，其实就是 1949 年前的临湘会馆，会馆不是很大，但也有三进大院子，骆先生住中院的三间南房，两间为全家宿舍，一间为国术社。社内陈设很简单，迎门的南墙下摆的是八仙桌，两边各有一把普通的太师椅，墙壁上庄严地挂着程廷华的得意弟子李光甫（李文彪）的遗像，方面大耳，非常神气，两肩下垂几乎到肋，显见八卦掌功夫的无比深厚。骆先生时常对我们说：“东三省沦陷后，沈阳到北京不通车，我是一步一步背着老师的相片来北京的，路上丢了什么都无关紧要，但老师的相片不能丢，这是我的命。我的一切都是老师给的，人不能忘本！”这些话给了我深刻教育，直到今天仍然时时刻刻响在我的耳旁。骆先生如此尊师重道，永远是我的榜样。

我夙愿得偿，几乎每天下班后都到兴武国术社练功。到了兴武国术社后，我做的第一件事就是拿起笤帚打扫院子、倒脏土、倒脏水，然后提着水桶到前院的自来水管处一桶一桶地把干净水打来，倒满老师家的水缸，足够老师全家一天之用，一切杂活干完了，才开始练功。

院子里有一棵百年老槐树，树干很粗，枝叶茂盛，不仅供夏天乘凉，也是我们练习扎枪的好地方。每天我都站在大槐树前，端着九尺大枪，对着大树，练习左右手的拦、拿、扎，增长双臂、双腿、腰和腕的劲力；然后拿一米长的铁棍当剑，练习崩、点、刺，再增长腰、臂、腕的劲力。休息片刻后，又一个人在前院到后院的过道处练习五行拳，劈拳、崩拳、钻拳、炮拳、横拳，一趟一趟地练，规规矩矩，一丝不苟，经常练得满身是汗。有时练着练着，老师从屋里出来了也不知道。如果老师来到身前，动一动自己的手指或按一下自己的肩膀，这就是自己一天中最愉快的事，如果老师一高兴，教你点儿新东西，这更是自己的幸福。

每逢星期六、日，我晚上去武馆。师兄弟们陆陆续续来齐了，我们就一位接一位地按顺序练习形意拳，劈拳、崩拳、钻拳、炮拳、横拳、连环拳、八式拳等。当练到自己还未学的，就要主动停下来，站在旁边看别人练，观摩学习；但是老师没教，虽然看会了也不能练，那叫偷学，是欺师的行为。形意拳练完后就各自找地方练习器械或八卦掌，每当这时老师就会到你身旁给予传授和指导，不满意了，也许几天不理你，逼着你去埋头苦练。那时，师兄弟之间经常练习八卦掌推手，有单推手，也有双推手。虽然样子与太极拳的推手差不多，但可用力，可移动步子，也可发冷手，可撞可打， 它是八卦掌由个人练功到与人较手之间的过渡练习。故而，推着推着，两人就会动起手来，那时师兄弟间因切磋武艺受点轻伤不算回事儿。我师兄王世祥告诉我：“前几年，师兄弟多，很多是前门火车站西货站的搬运工人，手把子上有力气，每天在老师家动手，家具门窗经常被撞碎，二话不说，主动去买新的换上。”老师说：“只有通过说手、喂手、试手，才能达到动手。”那时，老师不禁止我们在外面与人家切磋，但不许使冷手，不许使黑手，不许伤人，更不许以武欺人！赢了回来，老师脸上露了笑容，输了回来准是一顿臭骂。我认为，学武之人，跟朋友切磋切磋是可以的，但不可争强斗胜，更不可冷手伤人或暗算，这是不道德的。因为我们练武的目的是学习自卫防身的本领，不到生死关头不能轻用，学习武术是为了把中华武术传承下去，造福人类；也是为了锻炼自己的身体，养生长寿，锻炼意志，陶冶情操，提高生活的乐趣和品位。

许多年轻的武术爱好者，不了解我们那时怎么学拳、练功，故写几笔，介绍一下，以飨读者。我写了一些练功的方法，大枪的拦、拿、扎，是最重要的，它能增长臂、腰、腿部的力量，不是拙力是活力，是整体劲和内劲，故有年拳、月棍，久练长枪之说。这说明枪法的难，更说明练枪的重要性。

因为我系统地接受过篮球训练，学习拳术动作又快又准确，老师教起来很省力。

那时我还没结婚，为了习武，直到30岁才结婚。每天除上班就是练功，所以比别的师兄弟进步快，仅仅一年，就超过了一些已习武三年的师兄。我的工资很少，每月只挣31元，我拿出20元给父母过日子，其余的大多数都孝敬了老师。我直到结婚时还没戴过手表，经常穿的是膝盖和臀部打了补丁的裤子。那时，我上下班宁可来回走20里路，也不买一个月才3元的汽车月票，以便省下钱来孝敬师父。老师喜欢听京剧，我就在星期六晚上陪老师听马连良、谭富英、裘盛戎和张君秋的演唱；老师喜欢听河北梆子，我就陪老师去听李桂云或中国戏校的娃娃戏；老师的鞋旧了，我就花5元钱在内联升鞋店买一双礼服呢千层底的布鞋送给老师；老师家的茶叶快喝完了，我就赶紧去张一元茶庄买半斤；老师六十多岁患了疝气，躺在床上动不得，痛苦不堪，当我遇到时，就急忙拿来热毛巾，给老师慢慢托上去，有时会托半小时，我的胳膊、手都累酸了，但能给老师减轻一点点痛苦，就是我最大的愉快和幸福；后来老师的疝气严重了，影响了走路，要做手术，我设法借来25元给了老师。我的一举一动，令老师很感动，师娘也很高兴，所以老师对我钟爱有加，教得也最多。我也很认真，学得最快，练得也最好，仅仅用两年的时间就把传统的形意拳学完了，并打下了坚实的基础。第三年才开始学习八卦掌。八卦掌是我梦寐以求的，于是就更刻苦更下功夫。“笨鸟先飞”“只要功夫深，铁杵磨成针”“勤能补拙”“要想人前显贵，必得背后受罪”“吃得苦中苦，方为人上人”“宝剑锋从磨砺出，梅花香自苦寒来”，这些古训都是我的座右铭，时时激励我刻苦练功，时时鼓舞我不断进取。

我是一名教师，有寒暑假，特别是暑假，天长假期也长，是我刻苦练功的黄金时间。我每天早晨6点已进入天坛公园了，蹲下身来先练习走八卦趟泥步，经常从北门开始，绕西门，经祈年殿前甬路下面的过洞，回七星石，然后来到我的练功地点，围大树走圈，练习八卦掌法，一练就是一个多小时。中午，我稍事休息，就去老师家，陪着老师乘坐有轨电车再次到天坛练功。我练我的，老师练老师的，老师练完之后才给我指点。晚上8点钟，我提着洗好的2斤西红柿（那时只花5分钱）又一次来到天坛，练习各种散手或八卦刀、八卦枪，练累了就躺在公园的长椅子上一边吃着西红柿一边看星星看月亮，有时能看到流星飞跃天空。10点钟才回家冲澡睡觉，度过愉快而忙碌的一天。

## 拜访武术老前辈

我一门心思练武术，不知流过多少汗，穿破多少鞋。“功夫不负苦心人”，我的功力突飞猛进，老师非常高兴，经常带着我到一些老前辈家去拜访，令我受宠若惊，受益匪浅，从而更加勤奋练功。

最令我难忘的是去看望马玉堂老前辈。马玉堂是李存义先生的弟子，赫赫有名。

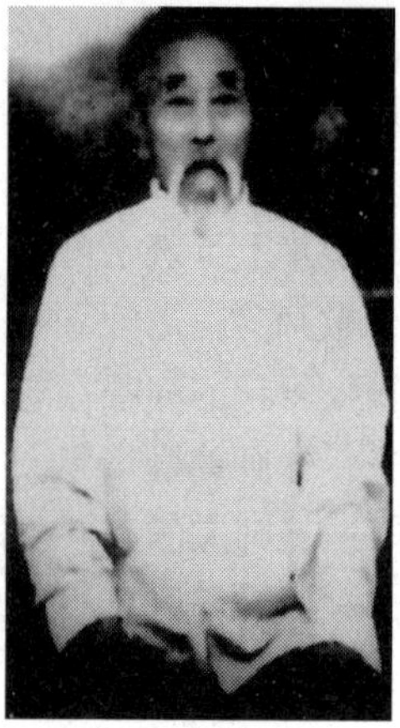

马玉堂先生

他的儿子马元基在1928年南京中央国术馆国考时获四项第一，并应聘为中央国术馆教员。1928年在南京中央国术馆举办的擂台赛上，其儿媳赵飞霞女扮男装击倒比其高一头、长七岁的广东拳师，并蝉联两次武术比赛的最轻量级冠军，被誉为“江南第一侠”，成为南京国术馆第一期学员兼女子班教员。马玉堂门徒众多，朱国福仅是其中之一，曾在1923年上海万国会上击败俄国大力士裴盖哈伯尔，1928年受聘为南京中央国术馆教务长，著名武术家温敬铭、刘玉华、何福生、王树田等都是朱国福的学生。骆老师是马玉堂老前辈的亲师侄，与马先生在东北的徒弟朱殿琛、朱殿和交情莫逆，故不是外人，骆老师经常去马老先生处受教。我一听，那天要带我去看望老前辈，于是，马上买礼物，随老师前往。马老先生住骡马市大街的阡路，是女婿杨子珍家，1949年前杨子珍在骡马市开瓷器店，故人称“瓷器杨”，马老先生见我们来了很高兴，马上从椅子上站起来，老师命我叩头见礼。马老先生已80多岁，留有山羊胡，非常慈祥，但也显老态了，说：“近来身体已不如前了。”谈了些往事后，老师命我给老前辈练一趟，于是，我就规规矩矩地练了一趟“八式拳”。老先生一见，脸上露出了笑容，说：“行，还有点儿形意拳的味儿，好好跟师傅练习。”唉！没想到第二年马老先生就去世了，再也见不到他那慈祥的面容了，但能见老前辈一面，是我一生中的光荣。马先生才真正是德高望重、名副其实、名扬海内外的武术家呀！我知道马元基和赵飞霞，功夫很好，名望也大，但北京武术界却不知此二人。因马元基1949年前在重庆中央警官学校和国民党军事委员会任武术教官，1949年后为了改造自己，以拉平板车卖苦力为生，不谈过去，也不敢教徒弟；所以我虽渴望求教，但也不能去找人家，以免给人家添麻烦。

李存义先生门徒很多，鼎鼎大名的有尚云祥、郝恩光、黄柏年、李氏三杰和马玉堂。我能拜见马玉堂先生一面是我最大幸福，好像拜了佛一样，永远是我的骄傲和光荣。

我经常在天坛练拳，认识了程静秋先生。程先生六十多岁，高高的个子，不留胡须，河北深州人，是一位善良老头。他跟老伴住在河泊厂北口的一间八平方米的房子里，靠出租小人书来维持生活，日子过得很艰苦，所以，我只要稍有富余就资助他一下，表示一下我的尊敬之意吧！我每次到天坛，都要去程静秋先生那儿，他经常一个人练，有一两个徒弟也不经常来。他教我一套“四门龙形掌”，说是李存义亲授的，后来经我考证，是真的。这套掌是以八卦步为基础，走行步，打四方，即四个方向，八卦手法掺杂形意手法，显见，是李存义先生在形意拳、八卦掌融会贯通后所编新套路。程静秋先生所练五行拳与众不同，也是走行步，使我大开了眼界。五行拳还能这样练吗？难怪说形意八卦是一家！

## 1963 年获得北京市成年形意八卦组冠军

1959—1961 年是三年困难时期，人民缺衣少粮，我这个练功正勤的大肚汉更是吃不饱，全身浮肿，但我的功夫一天也无间断，不能多练，就少练，终于渡过了难关。1963 年经济开始进入恢复期，一切都变得生气勃勃、欣欣向荣。1963 年，北京市举办了 1949 年以来最盛大的一次“全市武术冠军赛”，在东长安街体育场，观众爆满。经过激烈的争夺，我获得了成年形意八卦掌组的冠军，第二名孙志君，第三名马有清，第四名朱宝珍，第五名许繁增，第六名孙兰亭。当时的长拳组冠军是门惠丰，第二名程远信，第三名马春喜（女），第四名石所生，第五名杜凤儒，第六名刘善民。太极拳组冠军是李秉慈，第二名叶树勋，第三名宁秋侠（女），第四名侯晋惠，第五名崔秀辰（女），第六名张亚男（女）。

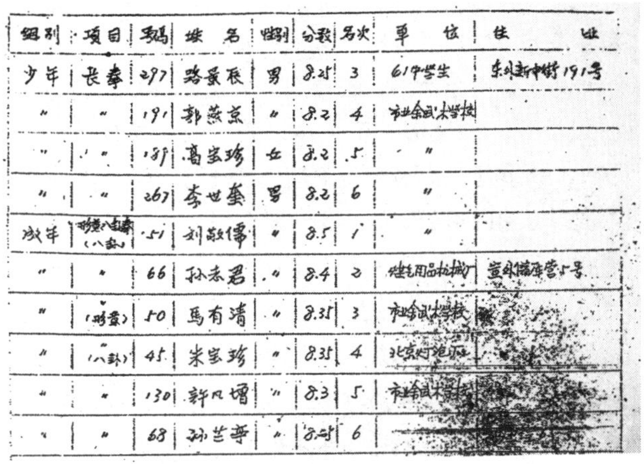

| 组别 | 项目 | 号码 | 姓名 | 性别 | 分数 | 名次 | 单位 | 住址 |
|---|---|---|---|---|---|---|---|---|
| 少年 | 长拳 | 297 | 路景振 | 男 | 8.25 | 3 | 61中学生 | 东外新中街191号 |
| 〃 | 〃 | 191 | 郭燕京 | 〃 | 8.2 | 4 | 市业余武术学校 | |
| 〃 | 〃 | 187 | 高宝珍 | 女 | 8.2 | 5 | 〃 | |
| 〃 | 〃 | 267 | 李世奎 | 男 | 8.2 | 6 | 〃 | |
| 成年 | 形意八卦掌（八卦） | 51 | 刘敬儒 | 〃 | 8.5 | 1 | 〃 | |
| 〃 | 〃 | 66 | 孙志君 | 〃 | 8.4 | 2 | 体育用品机械厂 | 宣外储库营5号 |
| 〃 | （形意） | 50 | 馬有清 | 〃 | 8.35 | 3 | 市业余武术学校 | |
| 〃 | （八卦） | 45 | 朱宝珍 | 〃 | 8.35 | 4 | 北京灯泡厂 | |
| 〃 | 〃 | 130 | 许凡增 | 〃 | 8.3 | 5 | 市业余武术学校 | |
| 〃 | 〃 | 68 | 孙兰亭 | 〃 | 8.25 | 6 | | |

1963 年北京武术比赛名次表

赛后，刚成立不久的中央电视台请我和门惠丰、李秉慈到中央电视台的演播厅，给北京人民做现场汇报表演，每人辛苦费 25 元，我非常高兴，这是我练武术挣的第一笔钱呀！没有老师我能有今天吗？

于是，我马上到新桥饭店的鸿宾楼大饭庄宴请老师和马有清、李秉慈、骆大成三位师兄，以示庆贺，更要表示对恩师的感谢，我永远不忘本。因为马有清师兄是回民，故在鸿宾楼大饭庄设酒席。这顿饭只花了 15 元，剩下的钱都送给老师。三年困难时期，能坚持练功实在不易呀！在众多参赛者中夺冠，更是难上加难！这次全市比赛轰动一时，这是我的无上荣耀！

那天，马有清师兄带去一瓶茅台，这是我第一次喝酒， 真好喝！这是我后来爱喝酒的起因， 马师兄之功大焉！

形意八卦掌组中的孙志君、朱宝珍都比我大 3 岁，已故。马有清虽是吴图南、杨禹庭的弟子，但跟骆兴武恩师学形意拳，已故，享年85岁。孙兰亭、许繁增也已故。长拳组的门惠丰比我小一岁，中国武术九段，北京体育大学教授，“东岳太极拳”创始人，从长拳专家转成太极拳专家。马春喜（女，中国武术九段）、石所生、刘善民也都是长拳专家了。杜凤儒现况不详。

太极拳组中，李秉慈是杨禹庭的弟子，今年79岁，是吴氏太极拳的门中泰斗。叶树勋、侯晋惠是李天济的弟子，早已故去。宁秋侠（女）也是李天济的弟子，喜爱武术，她在同门中架子盘得最工整，练过形意拳和八卦掌，为人谦和低调，很少在武术界露面，知之者不多。崔秀辰（女）是崔毅士之女，崔仲三的姑姑，功夫很好，为人谦和，已故。张亚南（女）是孙剑云的弟子，现况不详。

北京市在1963年只有一个武术学校——北京市业余武术学校，校长是刘佩伟先生，教练员有宋子平、马汉清、王金声、唐振荣、吴彬等。吴彬先生刚从北京体育学院（今北京体育大学）毕业，分配到武校当教练。因刘校长是北京武术协会秘书长，更因北海体育场有空闲房间，所以北京武术协会的一切研究活动都在北海体育场。北京武术协会研究会有三个大组：长拳组，组长孙占鳌，组员有刘佩伟、吴斌楼、张子平、李尧臣、宋子平、马汉清、王金声、唐振荣、吴彬等；太极拳组，组长徐致一，组员有吴图南、杨禹廷、崔毅士、王达三、葛馨吾、刘晚苍、王培生、孙枫秋、雷慕尼等；形意八卦组，组长骆兴武，组员郭古民、许小鲁、陈子江、吴子桢、杜级三等。我和李秉慈、门惠丰是1963年武术比赛三大项冠军，自然成为相应项目组的成员。我在形意八卦掌组，李秉慈在太极拳组，门惠丰在长拳组，但门惠丰先生和吴彬先生却经常跑到太极拳组活动，李天骥先生有时参加太极拳组活动，有时参加形意八卦掌组活动。李光先生是武术协会主席，又是东城区体委主任，工作繁忙，不能经常到会，这一切活动就都由武术协会秘书马有清先生负责，所以马有清先生时而在太极组，时而去形意八卦掌组，时而又去了长拳组。武术协会每周六的下午活动一次，我是有时间必到，因为在研究会中我能认识许多形意拳八卦掌专家。听他们讲老前辈们的故事，以及研究形意拳或八卦掌的一些学术问题，使我增长了知识，真是受益匪浅呀！

由于参加形意八卦掌组的活动，我与一些老先生熟悉起来，于是，经常抽空去向他们求教。我有时去雍和宫西墙根的健康武术社，拜望陈子江老师，但陈老师很保守，半天也不说点东西。他的大徒弟关秉公却相反，特别爱说话，说起来是滔滔不绝，让我长了不少见识。我经常去西单辟才胡同的杜级三老师家。杜老师是山西人，是布学宽先生的弟子，说话山西口音，练的是山西形意拳，他为人随和，待我很好，更因为我真诚、诚恳地学习，于是他教给我十二形，让我体会并认识到了山西形意拳的味儿和劲儿。杜老师要教我形意拳中的对练，我不好意思学，因为学了后要练习，我一个人怎么练习，再说也不好意思让杜老师陪着我练呀！回想起杜老师来，他的音容笑貌就立马出现在眼前，写此几笔，以表达我的缅怀感激之情！

李天骥先生家我更是经常去。李天骥先生的父亲李玉琳是郝恩光的弟子，在郝恩光先生去世后才拜孙禄堂先生为师。李天骥先生的年龄比我父亲只小两三岁，所以我一直把他当长辈看待。李先生每次都热情地接待我，给我讲武林轶事，给我讲南京国术馆，给我讲赵道新打擂半途弃权的经过，给我讲许多许多，总之，使我对武林前辈的事迹知道很多，使我对形意拳、八卦掌、太极拳的认识提高许多，至今，仍让我感激不已。我常看李天骥先生教徒练拳、推手，所以他的徒弟赵华舫、赵昆、李立功、叶树勋、牛胜先、宁秋侠，侄子李德印等我都非常熟悉。

形意八卦组的郭古民先生是梁振圃先生的弟子，陈子江先生是尚云祥先生的弟子，吴子祯先生是邓云峰先生的弟子，骆兴武先生是李文彪先生和郝恩光先生的弟子。太极拳组的吴国南先生、徐致一先生是吴鉴泉先生的弟子，杨禹庭先生是王茂斋先生弟子，崔毅士先生是杨澄甫先生弟子。从北京武术协会的这些概况，足可说明北京市是个卧虎藏龙的地方。我能向一些老前辈求教是我的幸遇和幸运呀！

## 从天坛转到东单公园练拳

东单公园位于北京崇文门内大街西侧，四通八达，交通方便，人来人往，故练拳的人很多，便于交流切磋。于是我从天坛转到东单公园练拳，在那儿我结识了很多前辈，也结交了许多朋友，至今回忆起来依然记忆犹新，千言万语也表达不尽我对他们的感激和敬意，特记录点滴事例如下。

冬天，我在王达三先生教太极拳的场地边练习八卦掌，一转就是一小时，每天早晨天还没亮，我已经练得浑身大汗，头上直冒热气。这时总有一位白发苍苍、九十多岁的老太太，溜到我的身旁，高声问道“馒头开锅了没有呀？”用高亢的声音为我助兴和加油。王达三是李文彪的徒弟，是我师伯，1949 年前，他曾在王府井开过“兄弟商店”，还在门头沟办过煤矿，是名副其实的资本家。他结交的都是名人，如京剧界的花脸泰斗钱金福、书画界的马晋和浦家兄弟、武术界的许禹生、醉鬼张三的徒弟许三爷，等等。1953 年，王达三先生在其住处王府井甘雨胡同办了个“达三健身武术社”，就在院内练拳。王达三先生住西房，外间的西墙上挂满了名人字画，如著名书法家张伯英的字和浦佐的四扇屏，进屋的门框上还有一幅非常细腻生动的工笔彩绘，是大画家马晋画的《洋狗》。王达三先生告诉我：“这幅画是马晋先生照着我养的那条大洋狗画的，是为我画的。”

一天，王达三先生教我“黑白鹞子”对枪，他亲自陪我对扎，休息时，来到屋内喝茶，我的座位正对四扇屏，抬眼就能看到浦先生画的《鹰熊斗志》。于是王先生给我解释起这幅画的意思，鹰与熊怎样争斗。讲着讲着，王先生问我：“你练过鹘形吗？”我回答：“练过。”王先生又问：“你知道鹘鸟怎样捉兔吗？”说着就津津有味地给我讲起“兔起鹘落”的故事。他说：“鹘就是‘兔虎子’，形似鹰而小，扑兔时不用爪抓，而是把爪握成拳头砸兔子。我有个朋友家里就养着‘兔虎子’，我曾跟他出城打猎，亲眼见到‘兔虎子’打兔子的情景。”他还说：“人家养‘兔虎子’不是为抓兔子吃，主要是玩，因为看‘兔虎子’打兔子是一乐。到了野地里，就把‘兔虎子’放起来了，‘兔虎子’目光尖锐，只要发现兔子，就直飞而下，用握成拳头的两爪向兔子头上砸下去，打得兔子一个跟头。兔子爬起来跑，‘兔虎子’又急飞而下，又向兔子头上砸下，砸完又飞上天空。兔子又是一个跟头，爬起来又向前跑。如此反复多次，直到兔子被砸晕，主人才过来把兔子拿走。”听完这故事，使我真正懂了什么是鹘形，什么是“兔起鹘落”。

我跟王达三先生学过一套太极拳，是杨氏老架，他说是跟许禹生学的。王先生练的纯阳剑很好，曾教过我的一些师兄。于是，我就跟他学纯阳剑，王先生教得又认真又仔细，不仅教动作还教用法。王先生教了我一个操练剑法的方法，是在身前用线吊一棉球，高与胸平，然后手持宝剑对着棉球练习崩剑、刺剑、撩剑、抹剑，不但练剑法、练准头，还能练腕力，故在此记之，供大家参考。

王达三先生是李文彪的弟子，我从恩师骆先生处未能学全的东西，在王先生处能找到。王师伯让我在剑法和枪法上开了窍，“崩、截、撩、刺”是剑法中最重要的点子，腕上无力是练不好剑的。王师伯还教会了我如何拦、拿、扎和滑杆。突然一下子，手握枪头到了我眼前，他说：“枪还可以当匕首用！”

我经常去东单公园练拳，认识了山西人钱谨之先生，钱先生是戴龙邦后人戴魁的弟子，经过交往，我俩成了莫逆之交。我和钱文章先生一起向他学习戴家的十二形，他很谦虚、认真，又非常热忱，只要有忘掉的地方就去问他的师兄，他的师兄在银行工作，北京武术界没有人认识。他在师兄家吃，在师兄家学，学完后星期六就来公园传授给我们，让我们抄拳谱，抄十二形拳歌。每形的拳歌不是律诗就是长短句，写得很好，写出了该形的练法和要领，对我们帮助不少。戴家十二形，动作很多很复杂。我问他：“为什么河北省形意拳的十二形是那样简单？”他说：“李洛能前辈学拳时年龄已大，怕记不住，只记重要动作。”我认为，李洛能先生非真正记不住，而是真正懂拳。所以，当他教徒弟时已把十二形的动作进行提炼，少而精，故而用同样时间，可以把功夫练得更深更纯，早出人才，多出人才。所以李洛能有八大弟子（车毅斋、郭云深、刘奇兰、刘晓兰、贺运恒、李广亨、宋世荣、宋世德）。李洛能先生在心意六合拳的基础上创立形意拳，使形意拳发扬光大，传遍大江南北、世界各地。事实也是如此，经过练习，我认识到，练这些复杂的十二形，能丰富自己的手法，能深刻地领悟每一形的内涵，提高练习形意拳的兴趣。但要练出真功夫来，还必须在五行拳上下大力气，所以，我在《形意拳——十二形精典套路》一书中特别强调，“有些人只喜欢十二形，而不在五行拳上下功夫，形意拳就变成花架子了”，就是舍本而求末；如果五行拳已有根底，再去练十二形，那就是锦上添花了。钱谨之先生只教拳，自己却不练，因他血压高，不敢动，钱先生六十岁不到就脑出血去世，让我一想起来就心酸，我发自内心地无限感激钱先生。

## 老武术家的表演令我大开眼界

1963—1965年，北京市每年都举办全市性的武术比赛，每月还有各种类型的武术表演，每次表演都是人潮涌动，座无虚席，受到广大武术爱好者和人民群众的欢迎。重要的表演大会，都有吴彬先生和李俊峰先生带领的北京男女武术队的表演。他们从基本功练起，接着是个人表演，最后是对练。北京武术队的水平很高，李连杰的单刀、李霞的长穗剑、回旭娜的花枪、于绍文的猴棍，个个精彩，引得掌声雷动。特别是对打表演，动作紧凑、紧张、火爆，常获得雷鸣般的掌声。

北京武术队表演完后就是当时的年轻武术家表演，经常表演的有齐谋业的查拳，钟国麟的通背拳、董世明的花枪、谢志奎的花拳、刘敬儒的八卦掌、牛宝贵的形意拳、方世锦的大拐、门惠丰的绳鞭，以及刘高明（杨式）、李秉慈（吴式）、孙凤秋（陈式）、宁秋侠或叶树勋（八十八式）、张亚男（孙式）的太极拳。

最后的大轴是著名老武术家的表演，经常上场的有张子平的杆子鞭或小花刀，吴斌楼的翻子拳或刀里加鞭，陈子江的龙形剑，百岁老人李尧臣的炮捶，李天骥的武当剑，骆兴武的鸡形、鼍形，吴图南的杨氏小架太极拳，崔毅士的杨氏推手，杨禹庭和马有清的吴式太极推手或吴图南与马有清的推手。这些老先生都是著名的武术专家，每当练完后都是雷鸣般掌声和喝彩声。

张子平先生是练花拳的，身体轻灵，腰腿利索，一根一米长的白蜡杆上按着链子鞭，练出来独具特色，别有风格。吴斌楼是蠡县人，戳脚翻子练得好，练前都要喝二两，练出来招招见功夫，六十多岁了还是抬腿倒打紫金冠。陈子江是尚云祥的徒弟，形意拳的功底扎实，龙形剑是走行步，真如行云流水一般，剑剑有尺寸，剑剑有点子，而非花架子。李尧臣当时已九十多岁，不让练不干，就喜欢表演。李天骥的武当剑更是正宗，是太极剑与八卦剑的综合。崔毅士先生的推手是大动作，以发放为主，杨禹庭先生的推手以小巧见长，轻灵而巧妙，吴图南的推手干净利索，沾手则出，令人十分过瘾。

总之，每次看他们表演都令我大开眼界，获益良多，也鼓励着我勇攀高峰！

我的恩师骆兴武先生身材魁梧，威风凛凛。当骆先生走到场地中央时，全场鸦雀无声。骆先生的鸡形是从鸡蹬步开始，三个鸡蹬步一走，仿佛一只公鸡噔噔地从窝里跑了出来，觅食、扒食，十分形象而生动。接练鸡形四把："金鸡食米"只是一个简单的崩拳，但骆先生打的全是暗劲、穿透劲，仿佛无坚不摧；"金鸡抖翎"时，双臂突然外挣，完全是爆炸力；"金鸡上架"时要蹦跳，骆先生有严重的疝气，怎么练？

骆先生蹦得虽不高，但动作却轻灵和敏捷；“金鸡报晓”时，右手在胸前撩起，仿佛一只大公鸡昂首高歌，“雄鸡一唱天下白”，催人早起……获得了全场的掌声和喝彩声。最精彩的是“金鸡独立”“鸡蹬腿”。“金鸡独立”时一腿支立，一足提起，是那样的沉稳，静立如山；突然，双臂一抖，一腿蹬出，活似正在掐架时的鸡蹬腿。全场掌声雷动，响起了热烈的喝彩声。拳家们称赞说：“骆先生的鸡形有独到之处，不仅形似，而且神似，足见功夫太深了。”

骆先生表演的鼍形更是不一般，练得行步活势，充分体现了鼍的浮水之能和翻江搅海之力。骆老师说：“鼍形是郝恩光先生手把手教的，每天模仿着郝先生那个样子练，整整一年才有点像。郝先生一见才说‘差不多啦。’”现在想起这句话，不由得令我思索，现在很多人练形意拳时撅屁股，尽是要姿势，打不出劲！我明白了，自己刻苦练功很重要，老师的传授也重要，名师的示范动作更重要，老师打得都不规不矩，学生能模仿成什么样子呢！

齐谋业是查拳专家常振芳先生的弟子；钟国麟住北京牛街，练的是回民的白猿通臂；谢志魁的花拳不是华拳，传说是清代大侠甘凤池所创；宁秋侠是李天骥先生的弟子，在众多弟子中其太极拳功架是最工整、最准确的。吴斌楼、张子平二位先生都已六十多岁，仍是身活步灵，把“杆子鞭”和“刀里加鞭”舞得虎虎生风，显见非一日之功呀！崔毅士、吴图南、杨禹庭三位先生，是全国顶尖的太极拳大师，崔毅士先生的大开大放、吴图南先生的一触即发、杨禹庭先生的细微轻灵，各具神妙，看后会让你茅塞顿开，大彻大悟，这才是真正的太极推手呀！恩师的鸡形和鼍形都是动作纯正、功夫深厚，这完全出于郝恩光先生的示范和传授，名师出高徒呀！

## 中山公园是北京武术界的窗口

1961—1962年，每星期日上午，我都跟骆老师去中山公园练拳。中山公园是北京武术界的聚贤之地，练武的人很多。进公园正门往前走，迎面就是“保卫和平”的牌坊，东侧不远是曲折的百米长廊，向北直通“来今雨轩”茶社。茶社与牌坊之间有一块平坦的黄土地，有石桌、石凳，这就是刘志刚老先生传授八卦掌的地方。因韩其昌、李剑秋、刘志刚是把兄弟，号称“武林三杰”，故韩其昌先生也经常带些学生来此练习梅花桩。刘志刚、崔玉贵都曾在骆兴武恩师李文彪手下当过差，那时李文彪是曹崑部下，住通县（今通州区），号称“大令”。故刘先生与我们不是外人，每次经过此地都要坐一坐。一次刘先生说：“一天饭后，大家都在院子里休息，不知何故，何钧与崔玉贵动起手来，何钧给了崔玉贵一掌。我说‘何钧，咱俩试试？’何钧二话没说，一个撩掌就打过来了，我那时年轻，一下窜出去了，没被打上。这时，李先生正好吃完饭出屋，说‘何钧的身手不错呀，来，我试试。’何钧哪知厉害，刚一搭手，大令的掌就按上了，何钧一个大跟头摔出去一丈开外，爬起来就跑了。”

刘先生接着说："谁也不敢接大令这一掌，所以，一见大令喝了二两酒，我们就都躲了。"接着又难过地说，"大令手下都是练八卦掌的，别门的人不用。练八卦掌的家都在北京，星期天都回家了。可巧冯玉祥反曹昆，兵变了，乱兵到司令部抢枪、抢钱，被大令打伤不少，人家一开乱枪，把大令打死了。"说完连连叹惜不已。

从刘先生场子往北不远处就是"社稷坛"的红色围墙了，墙根前是黄土地，这就是崔毅士先生传授杨氏太极拳的地方。学员很多，观众也不少。崔先生是杨澄甫的著名弟子，虽然一腿瘸了，但喜欢推手，我最爱看崔先生的"发人"！崔先生场子东边就是品茶的好地方"来今雨轩"茶社了。经过茶社向北绕走就是茶社后身，这里是一处由矮矮翠柏围起来的、别具一格的园子，清新雅致，幽静怡人。其西边是山石修竹，其东面有苍松侧柏，中间是一座高大的藤萝架，春天，紫色藤花一串串挂满枝头，花香四溢，秋天，长长的绿绿的豆荚一个个垂吊下来，美不胜收。架下有木桌，桌面呈灵芝形，四周设木墩，是品茗清谈的好地方。北面是一座高大壮观的亭子，亭基呈十字形，每个角上矗立着四方形的绿漆木柱，共12根，神气地顶着灰色的亭脊瓦拢，亭内雕梁画栋，方砖墁地，十分宽敞。除了亭子东南北三面有出入口外，柱与柱之间都砌着高二尺的青砖围墙，可坐人休息，这是杨禹廷先生会客说拳的地方。园子中的空地都平平坦坦，站在干干净净的黄土地上，能闻到一股湿润的土香。这也就是学生们练习太极拳的地方。

杨先生场子东面不远处就是公园的东院墙了，墙下也是黄土地，这就是骆老师教拳的地方。每天早晨，马有清先要帮杨先生教拳，当他一见我和骆老师到了，就马上过来，跟骆老师学形意拳。于是，我们开始练起来，我带头，他随后，从劈、崩、钻、炮、横，一趟趟地练下去。老师在旁边看着，看到不对的地方，就给予示范或指导，全练完了，才教新课。我们练拳的时候，时常有一位老先生蹲在旁边看，有时站起来递给骆老师一支烟，说上几句话。我们问他"您姓什么？练过什么拳呀？"他总是说："没练过拳，就是愿意看。"还说，"我姓裘，人家都叫我老裘"。

每次练拳后，我们就去杨先生处。杨先生一见骆老师来了，马上从亭子里站起来，拿起自己专用的旱烟袋，用白白的手帕擦一擦烟袋嘴，装上烟亲自送到骆老师手里，再用火柴点上烟，老哥俩才坐下聊起来。骆老师经常跟我说："杨老师的为人咱们得学！"的确，骆老师是个火暴脾气，但在杨先生的影响下，逐渐地也有耐心了，和蔼可亲起来。经常来看望杨先生的有徐致一先生、郭古民先生、陈云涛先生（时任国家建筑工程部副部长）等人，还有吴图南先生，他是稀客。每次朋友来到，杨先生总是先站起来迎接，亲自把茶碗涮干净，再亲自斟上茶送到面前。老前辈们一见面总是非常高兴，有时论拳，有时回忆往事，有时谈武林故事，其中有些人可能会谈起某个人的缺点，这时候，杨先生总是从旁解释，大事化小，小事化了。杨先生从不谈论任何人的缺点，总是以真诚的态度赞扬他人之长，杨老这种高尚的武德，永远是我们学习的榜样。

听杨先生讲课不仅是学习而且是一种享受，我在旁边听着，也学到不少拳理。有时候杨先生教学生推手，我在旁边看着，十分羡慕，也十分手痒，不由得请求杨先生给我指点一二。我和杨先生一推手，才知道什么是真正的不丢不顶。啊呀！杨先生的手真是太轻灵了，无论我怎么使劲也是摸不着。当然，杨先生对我十分客气，从来不发我。其实，杨先生也很少发徒弟，我从来没见到杨先生把徒弟发出一丈开外，脚下一动就行了。听杨先生讲课，看杨先生练拳，体会杨先生的推手，使我明白了什么是真正的太极拳。我的另一位老师裘稚和先生（张占魁的弟子）跟我说："杨先生不认识我，我经常在杨先生处偷拳。"他又说，"杨先生是真懂劲懂拳，杨先生的拳真好！这件事我还跟王芗斋师叔说过。"

回想杨先生的太极拳，不由得使我感叹：老先生的为人是那样高尚、有修养、有道德，老先生的太极拳功力是那样高超、深厚、炉火纯青，是不是老先生已把太极拳的个中三昧融化到血液中了。我认为老先生的一生是与太极拳不可分割的。所以，现在每当我在各处看见有人练吴式太极拳时，我面前就会浮现出杨老先生那留着八字胡的慈祥面容，是那样栩栩如生，杨禹廷老先生永远活在我的心中。

有时我也到公园各处看看走走，去观摩学习。我到唐花坞的马越清先生处看看他怎样教国家规定太极拳；有时绕到公园东门内，看看孙枫秋先生教陈式太极拳和大捋；往北就到了公园的后河，河沿边是王芗斋先生教意拳站桩的地方，学员很多，我就听听王先生讲课，甚而也在人群后边站一站，体验体验。

中山公园是1966年之前北京武术界的窗口，有杨式、吴式太极拳的顶尖高手崔毅士和杨禹廷，有八卦掌名家刘志刚、骆兴武，后河沿还有王芗斋先生，这都是武林的顶尖人物啊！我从他们身上学到了许多鲜为人知的东西，故记之。

拳经曰："马有疾蹄之功。"何谓疾蹄？疾就是快，蹄是马蹄子。但是，我们练马形，不是练跑得快，去参加马拉松比赛，而是模仿马蹄子的动作，寓技击于内，练习自卫防身的本领。现在，很多人练习马形不是单马形就是双马形，很少看到一个既形象又变化多样的套路，令人遗憾。

1965年，我29岁。一天，我在中山公园门口碰见了赵砚波师兄。赵师兄比我大20多岁。是尚云祥先生的大弟子赵克礼的徒弟，跟我算叔伯师兄弟。我和赵师兄来到公园内的唐花坞前，一趟一趟地练了起来。先是五行拳，再是连环、八式、鸡形四把等，最后是十二形，一练就是一个多小时。赵师兄很高兴地用家乡口音说："师弟呀，练得不错。今天我教给你一套马形。这套马形很少见人练，教给你，留做纪念吧！"我一听非常高兴，就用心地学了起来。

这套马形中除了人们经常练的单马形、双马形外，还有儿马兜裆、白马扬蹄、野马撞槽、信马由缰等，其中儿马兜裆、白马扬蹄、野马撞槽动作形象、生动实用。

当敌向我面前打来时，我急忙提腕向面前扬起，拦截对方来手，同时微仰身，抬起前足，迅疾踢向对方裆部，每蹄必中，仿佛野马突然惊怍，前蹄扬起，立身嘶叫，又形象又威风，好不厉害！突然双蹄下刨，向前撞打，势不可挡，仿佛野马被拴在槽上，野性难收，挣脱缰绳，把马槽撞倒，急奔而去。信马由缰，动作形象优美，仿佛一匹骏马在茫茫的草原上急驰或漫步，悠闲而自得。总之，我非常喜欢这套马形，也非常珍惜。

后来，我经常去铁匠营看望赵师兄，他带着我去拜望了周遵佛先生。周遵佛先生是靴子张的徒弟，跟我老师认识，但经赵师兄一介绍就关系不一般了。所以我和周先生再见到时就都不客套了，他也经常给我讲形意拳，特别是十二形。周先生把他写的形意拳谱给我看，他的十二形拳歌也很有意思，大多是七言绝句，如猴形的“不是飞仙体自轻，若闪若电令人警，看他一身不定势，尽是纵山一片灵。”

赵师兄是在家乡跟师父练的拳，来京后，更是寻师访友，无一天间断。他曾在陈子江师叔处学习，又跟周遵佛先生请教。赵师兄还经常去马玉堂先生家向师爷求教，马先生年事已高，就叫其子马元基、儿媳赵飞霞给他指点指点，他获益匪浅。老武术家何福生先生说：“赵飞霞跟我是同班，马元基可能还高一级。”所以，赵师兄的功夫非常扎实，非常纯厚，受到众多同门的赞誉。

我跟何福生先生非常熟悉，他很喜欢我的功夫，我们是忘年交，他是南京国术馆的高才生，是云南武术队的老教练，他给我写了南京国术馆的早操歌，早操歌是中国武术史上的可贵资料。

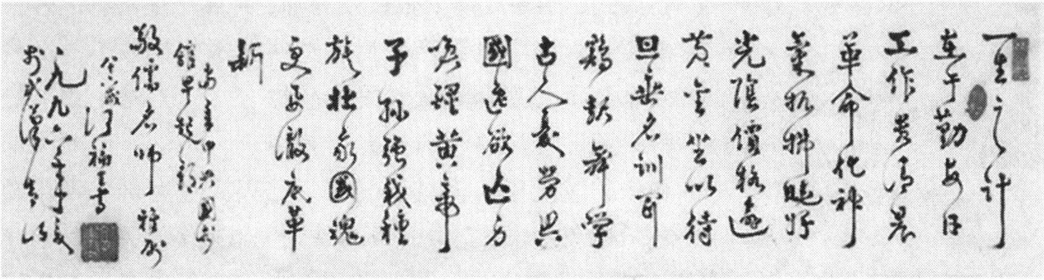

南京国术馆“早操歌”影印件

## 听恩师讲武林故事

1966 年前，恩师的兴武国术社很红火，很多老前辈常来看看，比如靴子张的弟子邹理镜、李子扬的儿子李存芳、孙禄堂的弟子李敦树、梁振甫的弟子郭古民、刘文华的弟子张长发、眼镜程的儿子程有信等。特别是张长发先生和程有信先生，他们是老前辈，他们一来，我们就特别高兴，围上去问寒问暖，请他们指教，准能学到不少东西。我至今仍记忆犹新。

河北定兴县李梁栋，功夫很好，擅兵器。曾跟李存义先生比武，动手结果：动拳术，李存义的形意拳胜；动兵器，李梁栋胜。二人后来结为好友。李梁栋送三个儿子李彩亭（字呈章）、李文亭（字星阶）、李耀亭（字子扬）拜李存义为师，学习形意拳，这就是武林中所称道的“李氏三杰”。形意拳中的兵器套路很少，后经“李氏三杰”改进完善，才有了三合刀、三合剑、三才剑、龙形剑等。

李存芳是李耀亭之子，与骆兴武先生非常友好，经常来兴武国术社。他的龙形剑很好，教过杨桐、王世祥等师兄，后因食道癌病故。李敦素是李星阶之子，后拜孙禄堂为师，也经常来武馆看望我师父骆兴武先生。

张祥斋先生

张长发，字祥斋，是刘奇兰之子刘文华的徒弟，功夫十分纯厚。1965 年无疾而终，享年 91 岁。民国初东北军有两位大帅，正帅张作霖，副帅吴俊升，二位大帅都喜欢武术。张作霖府养有五六位武术专家，程有功先生、张长发先生就在其中。吴俊升府养有二位，一位是尚王爷之后尚为谦，另一位就是我的恩师骆兴武。程有功先生、张长发先生都是长辈，对骆兴武先生很喜爱。程有功先生是眼镜程的亲侄子，教恩师很多掌法。张长发很想收骆兴武为徒，但恩师因种种原因没有去拜。现在有人说，张长发先生在东北时折服骆兴武，骆兴武拜了张长发为师，纯属子虚乌有之事。事实是，张学良到西安后，这些武术家都散了，一些人来到了北京。经张长发先生撮合，让当时在北京的骆兴武、唐凤亭、唐凤台、郝甲三、高学亭、王凤章和张长发之子七人结拜兄弟，骆兴武是大哥，张长发之子是老七。张先生的目的是让我恩师多多关照其子。所以，在此特写此事以证事实。张长发先生与我恩师关系非常好，每次张长发先生来京，都会到兴武武术馆看一看。

张先生个子不高，是个瘦巴巴的老头，留着两撇八字胡，都花白了，虽年已八十有余，但仍十分硬朗。骆先生经常跟我们说：“张长发先生天生力量大，年轻时曾在保定摔倒了最著名的跤师，人送外号‘铁罗汉’。”

一天晚上，我们正练形意拳，刚刚练到蛇形时，张长发先生来了。一见，十分高兴，下来给我们练了一趟，接着就连说带比划地给我们讲开了蛇形的练法和用法，怎样身要活，怎样步要灵，怎样刚柔相济，怎样足打，怎样膝打，怎样胯打，怎样肩打，怎样肘打，怎样手打，怎样头打。这时，我才真正学到了形意拳的“七处”打法。

张先生的蛇形与众不同，不仅要走行步，更要刚柔相济，内外合一，仿佛真的是一条活灵活现的巨蛇在茂密的草丛中拔草而行。

一天，我们练拳将到九点了，还没见老师露面，我正想着此事，突然，见老师送一位客人出门去，不一会儿又陪着程有信先生出来。往日，程先生出来一定会看看我们练拳，今天却怒气冲天地走了。老师告诉我，送走的客人是冷楚。冷楚是北京一二·九学生运动的领导人之一，现任中央政法干校（中国人民公安大学的前身）校长。冷楚曾练过八卦掌，与我老师算是叔伯师兄弟。他想出本《八卦掌》，与我老师的想法不谋而合。于是，老师叫师娘做了一顿丰盛的晚餐，特请程有信先生前来相商此事，没想到二人酒桌上为了一个顺势掌是先摆步还是先扣步争了起来，争得不欢而散，书也出不成了。因为程有信文化不高，我老师大字不识，没有冷楚的参与是办不成的。老师连连惋惜不已，我不由得暗下决定，等我有能力时一定为老师出这本书！这愿望现已实现了，而且出了一本又一本。冷楚先生曾赠恩师一幅字：

平生重义气，修炼果非差。旅京切传术，术国也行侠。
高手愿相近，英雄不自夸。求同只半点，存异络千家。

骆老师有个习惯，每天中午小睡一会儿。醒来后先洗洗脸，洗脸时一定十分小心地一下一下地梳洗自己的胡须。然后才拿一块白白的手帕，擦拭自己的茶杯，擦过来擦过去，仿佛照见人了，才放茶叶沏茶。这时候会一边喝茶一边谈自己和老前辈们的往事。我每次都会从中学到许多练拳时学不到的东西，故而我有空就会去老师家听老师讲故事。下面略写一些，因为这些故事能指导我们练功，会在功法上给我们许多启示。

骆老师经常指着墙上挂着的恩师李文彪先生的半身遗像说：“你师爷的两肩有深坑，放上鸡蛋掉不下来。”足见功夫多么深了。老师说：“你师爷在三寸厚的木板上钉上狗皮，足足打了三年，掌心的肉都凸出来了，只要用上三成劲，就让对方口吐鲜血。”并说：“有一次，李先生的掌只在我胸前滑了一下，我就疼了一个月，每天偷偷吃‘七厘散’，练功时还要装成没事人一样，不然，就得挨骂！”我曾见郭古民先生跟骆老师说：“你老师那一掌，谁经得起呀！”这件事对我们练功影响很大。所以，我的师兄杨桐，1956 年支援包头，在一机床工作。一机床是炮兵工厂，他用 12 根大炮的坐力弹簧钉在两块木板中间，挂在墙上练习双手撞打。现在只要在对方胸前轻轻一按，对方必跌出丈外。杨师兄 2013 年去世，享年 86 岁。

李文彪先生总在夜里练功，徒弟们都看不见。一天，杨汝林神秘地告诉我老师，他探出师父的练功地点了，约好晚上一齐去看。可是去晚了，李先生早练完走了。二人进坟圈内一看，乱草丛中围着大树有一八卦圈，都走成一溜沟了。第二天，二人不睡觉，天刚黑就在坟圈外的草丛中藏起来，一直等到半夜以后，李先生才来。

李先生进了坟圈，脱掉长袍，挂在树上，转上八卦掌了。二人急忙扒墙头向里看，忽见李先生穿上长袍，又走了，二人互相埋怨："是你弄出声来了。"有一天，骆老师说："我前脚刚进探访局大门，李文彪先生正和程有功先生练八卦推手，身子几乎贴近地面，一见我就不练了。"每当说到此时，骆老师总是感慨万千："老先生们的功夫太深了，可是太保守了。哪像现在，老师陪着你们练，你们太幸运了！"

李文彪在奉天时任奉天府探访局局长，手下能人颇多，如程有功、李文贞的父亲霸州李茂春、清廷扑护营一等扑护神跤计四爷、沧州劈挂拳老前辈李宝荣，等等，都任一等探访。骆老师的大师兄李玉海，从小就跟李先生练八卦掌，功夫非常好，只任个探访，骆老师等连探访都不够资格。

程有功先生是探访局的一等探访，字湘亭，是程廷华先生的亲侄。每晚，所有徒弟走后，程廷华先生才让程有功在院内练掌，程廷华先生不发话，有功不敢稍停。每天晚上只许睡在店内的柜台上，不许睡床，怕跑气，一练就是三年。

一天，程先生带有功去天坛，那时程先生兼管天坛的守护。程先生一时高兴，对有功说："来，看看你近来功夫怎样。"有功一听心里很高兴，便一掌打来，只见程廷华先生随手一送，就把有功摔出，噔，噔，倒退几步，一下子坐在了一块石碑上，半天没起来。程先生把有功扶起一看，后背和屁股都渗出了血，可把眼镜程吓坏了。程有信先生曾跟我说过："我大爷为这事还找来北京，跟我父亲打了一架。"有功先生的功夫是在程先生亲自督导看管下练成的，功夫十分纯厚。

有功跟我老师说："有一次，我三叔叫我去和张师兄摸手，我哪敢呀！三叔说'我教你几手，等他来了你就摸他，错不了。'他让我每天下功夫等着张师兄。果然，没多久，张师兄来了。我一说，他哪看得起我呀，没想到，我一掌把他打出去了，他扭头走了。过了三月，张师兄回来了，要跟我摸手。我哪还敢呀！原来，张师兄回去后再也不去烟花柳巷，下了功夫。那时我三叔经常给我们师兄弟拴对，互相动手，好各自去下功夫，这样才能长进。"骆老师感叹说："名家的传授就是不一般，名师出高徒啊！"

有一次，关内逃来一巨盗，功夫很好，在关内做了不少案。李文彪先生派程有功先生带李玉海去逮捕。二人明察暗访，得知此盗携一烟花女子在戏院包厢看戏，二人悄然来到巨盗身后，有功先生伸手一拍巨盗肩膀说了一声："朋友，跟我们走一趟。"忽然，白光一闪，巨盗从裤腿中抽出一把亮晶晶的匕首刺向有功身前，只见有功先生右膊向巨盗肩上一沉，巨盗已瘫坐于地，李玉海上前将巨盗捆绑归案。后来，李文彪先生回到了关内，程有功先生也离开了探访局，应聘在东北军阀张作霖大帅府任武术教师，确确实实地教过张学良八卦掌。那时我老师骆兴武也是吴俊升副帅府的武术教师兼管家。有功先生经常手托二十余斤重的铁棍转掌，这种方法骆先生也曾教过我，但我很少练；因为，这样练虽然能长功力，但也能练得血压升高。骆老师经常说："有功先生练功没练功，不用问，一看他眼睛内有红的血丝就说明在下功夫。"怪不得有功先生六十岁就半身不遂，与这样练功方法是分不开的。很多老前辈只求功夫，忽视养生，这是个深刻教训。

有段时间，骆老师与程有功先生及其弟子英司九同住一屋。每晚十二时要到院内练功，都要脱光上衣练。那是奉天的三九天呀，温度都在零下二十度以下，不一会儿身上都出汗了，汗水越来越多，不知不觉中皮肤上已结了一层薄冰，用手一刮，唰唰地往下掉冰碴，这是多大的功夫呀，平常人哪受得了。屋内的脸盆架放在迎门的地方，有一次，骆老师见程有功先生正低头洗脸，便高喊一声"师叔看掌"，一掌向其身后打去。突然，程有功先生一个转身，右臂一沉一伸，骆老师便跌出门外。骆老师高兴地说："师叔，我又跟您学了一手。"说着，骆老师便给我做示范，教我这手怎么用。我非常高兴，因为我也学会了这一手。

程有功先生给我老师讲过这样一个故事：一天，程廷华先生闲暇无事，到附近的茶馆去喝茶。谁不认识鼎鼎大名的神力眼镜程啊！大家纷纷站起寒暄让座。程先生坐下后突然听到有人说："有其名，无其实！"程先生扭头一看，是一位四十来岁、很斯文的先生。程先生装着没听见，等那先生走后，问茶馆伙计那是何人，在哪住？茶馆伙计告诉他说，不知姓字名谁，才来喝茶几天，是货栈的账房先生。程廷华先生第二天带着一位弟子前去拜访。小伙计说："你等一会儿，我给你回一声。"说着向后院去了。回来说："对不起，先生让您等一会儿。"等了二十多分钟，人家才命伙计请程先生进去。程先生进去一看，啊！三伏天，有三十多度，账房门上还挂着棉门帘子。这时账房先生笑嘻嘻地迎了出来，穿着羊皮棉袍，再进屋一看，窗户上都蒙了棉被，八仙桌前升有一大盆熊熊炭火，室内密不透风，热气腾腾。程先生与账房先生分坐两边太师椅上，各自徒弟站在各自身旁。这时，人家是谈笑自若，而自己徒弟已是汗流满面了，觉得自己后背也开始湿了，于是急忙告辞说："过几天，再来拜访。"程先生回来后跟徒弟们说："寒暑不侵的功夫是有的，是另一种功夫。跟我们练的不一样，过两天，我再去一趟，跟他动动手，看看是否真有实学！"没想到，1900 年，八国联军打进北京，这件事也就作罢了。我相信这故事是真实的，因为中国武术博大精深，艺无止境，天外有天，人外有人。所以我常常提醒自己：要虚怀若谷，自己还差得太远太远，要永无休止地练下去，追求下去！

一天，有功先生来老师家告辞，要回长春。骆老师忙拿出十块大洋送给师叔，权当路费。有功不依，有功先生说："你若能将我右臂抬起就依你。"骆先生抬了几下，都没抬动，只得作罢。王达三先生也曾跟我说过，他也没抬起门宝珍先生的胳膊。程有功先生善用"沉掌"，经常是一个"沉肩坠肘"就能克敌制胜。显见，"沉肩坠肘"是八卦掌的功法真谛，我们练功时一定要时时刻刻注意"沉肩坠肘"。

骆老师说，有一天，探访局来了一位客人，个子不很高，穿着棉袍，腰上系着布带，一看是霍殿阁的师父神枪李书文。骆老师跟霍殿阁很熟，故认识李先生，忙上前见礼。这时，有个人很不知趣，闻之是神枪李书文先生，走过来请李先生说说枪法，李先生毫不犹豫地说："行啊，你拿一根杆子吧。"这时，只见李先生拿了一根较短的小杆子，右手拿着中间，后头掖在了自己扎棉袍的腰带里说："扎吧。"只见那人一杆向李先生胸前扎来，说时迟那时快，李先生的杆子往来人的杆上一贴一拧，"嗖"的一声，那人的杆子就飞上墙了，那人臊得满脸通红，连连向李先生赔罪作揖，说："我有眼无珠，得罪，得罪！"大家敬佩不已。骆先生说："李书文的枪法名不虚传，不愧为神枪李书文！我真是大开眼界了。"我听了后也是大开眼界，后来我才明白，那扎衣的布带不就等于持枪的后把吗！真使我长见识，我又学会了一手。

李文彪先生要回关内，骆老师赶紧去问恩师今后自己跟谁。李先生写了封信，说："海鹏在关外，你拿着我的信去找海鹏吧。"郝海鹏即郝恩光，是李存义的著名弟子，除了大师兄尚云祥外，李存义的弟子中就属郝先生了。郝先生年轻时唱过戏，所以不仅功夫深厚而且拳架工整漂亮，为同门之冠。于是骆老师拜郝先生为师学习形意拳。郝先生跟骆老师谈过一件事。那还是学艺的时候，听说临近县城内有个武馆，教师爷是练少林拳的，口气十分猖狂，武馆门上贴了一副对联"脚踢南山猛虎，手擒北海蛟龙"，横批是"天下无敌"。于是郝先生带着师弟黄柏年去了。郝先生动手，黄先生观拳。对方一拳向郝先生胸前打来，郝先生用炮拳一接，防中带打，用上立之拳突然朝对方头面反背砸下，一下子把对方打倒在地。骆先生说到此，就给我示范起来，又使我在听故事中学到了一个炮拳的巧妙用法，令我高兴无比。

骆老师说，1949 年前的一天，他在路上遇见了郭凤德先生，正带着几个徒弟出门办事。郭先生是眼镜程的徒弟，卖馒头出身，每次卖馒头时，都是一手托着几笼屉馒头，另一手拿馒头找钱，卖完为止。功夫深厚，以掖掌出名，人送外号"馒头郭"。骆老师很高兴，见礼后说："今天，郭师叔给露一手吧！"郭先生看了看胡同口的电线杆子，那时的电线杆子都是杉篙做的。"看着！"只见郭先生右肩一沉，右掌一伸掖在电线杆上了，"啪"的一声灯泡掉了下来。大家又是惊奇又是赞叹。骆老师说："我回来就练这手"。说真的，我也经常练这手，但到现在仍不能把灯泡打下，还是功夫不够啊！

程有龙，字海亭，比程有功小 5 岁，是眼镜程的长子，有文化，其八卦掌是眼镜程亲传，有独到之处，英名赫赫，随杨健侯先生练过太极拳，与大枪刘德宽先生合作编有"八卦太极拳"。这套太极拳，吃功夫，传人很少。我见程有信先生练过，多数动作都走下盘，势子矮，很吃力。例如，动作是太极拳的揽雀尾，但手法和劲力却是八卦掌。

骆老师在天津时曾去看望李存义的徒弟、"李氏三杰"之一的李子扬师叔。李先生说："昨天，有龙来了，在这练了趟龙形。你看，一个'蜇龙升天'，往高一蹿，把纸顶棚捅了个窟窿。我也不糊了，留作纪念了。”我知道骆老师给我说此事之意，一是感叹老前辈功夫之高，二是激励我要更刻苦用功。可惜，有龙先生长年抽大烟，无人能劝止，52 岁就病逝了，其父程廷华先生是 52 岁去世，我的师爷李文彪先生也是 52 岁去世。仿佛冥冥之中真有安排，他们的去世给八卦掌造成了巨大损失，令后人无限惋惜与感叹！

程有信，字寿亭，比程有龙小 19 岁，与骆老师同年出生，1900 年眼镜程去世时，他才 9 岁，未受程廷华先生真传，有信先生的功夫是有功、有龙及程廷华的弟子们所传授。因他是程廷华先生之子，所到之处均受到热情真诚的接待，他想学什么，师兄们都会毫无保留地传授，所以他学到的东西很杂，因其个子矮小，故八卦门的后人们称其为“矬爷”。因有信先生习武很艰苦，对自己东西又十分珍密，其保守是人人皆知的，虽有众多门徒，但承其所学者很少。有信先生对程门八卦掌进行了总结、整理、删选，编有“程氏八大掌”“程氏八八六十四掌”，这是对程门八卦掌的巨大贡献。他退休后，每天在东单公园的西南角传授八卦掌。他经常跟我说：“这几个徒弟连学费都舍不得给我，我能教他们八卦掌吗？”于是我就粘着他，每当星期天他授拳后回家时，我就陪他走，一直送到家门口，因为我住河泊厂南口第二个门，他住他的大女儿家，水道子 1 号，相隔一条马路，只有 100 米，非常近，有时我还去他女儿家向他求教，时不时请他喝二两，还及时交学费，总算得到他不少传授，未负苦心呀！

程有生，比程有信又小十多岁，是程廷华先生的四弟程殿华的唯一儿子，虽然功夫比不上真正三代，但为人慷慨仗义，有长者风范，与骆老师交情甚厚。20 世纪 60 年代某个春节过后，正月十五左右，大雪纷纷而下，天地间白茫茫一片，大雪下得足有二寸多厚。第二天早晨，我从天坛公园西门进园，欲到我的练功场地去练习八卦掌。当我行进二门后，突然发现路旁一块土地上的积雪已被扫开，正有一个十几岁的孩子满头大汗地练着八卦掌，旁边的长椅上还坐着一位老者，加以指点。这二位我不认识，从未见过。于是，我站在旁边，默不作声地认真看着。孩子练得很苦，几乎达到下盘，姿势舒展，一招一式都见功夫。当他练完后，我急忙过去恭敬地向这个老者行了礼，一问才知道，此人姓程名有生，是程廷华先生（眼镜程）的侄子，程四爷殿华先生之子。我急忙又见过礼，并言到我是骆兴武先生的徒弟，他一听非常高兴，忙说：“那不是外人，我们太熟了，可惜我在石家庄工作，很少回京，我们有十数年没见面了。”他告诉我：“这孩子是石家庄的，他爷爷跟我是莫逆之交，故而传他些八卦掌。”随后他让我练练看，于是，我也练了单换掌、双换掌。程有生先生说：“你的双换掌是正确的，有这种练法，如果再加上指天插地就更好了。”于是，程先生就在这块雪后的空地上向我传授了他的双换掌。晚上我到骆老师家，说及此事时，骆老师十分高兴，我们马上启程去看望程先生，二位老人家见面后相谈甚欢，并说："咱们都老了，以后就看敬儒他们这辈人啦！"后来我曾去拜望程先生多次，也得到他不少指教。遗憾的是，60年代末，先生因病而逝，将许多八卦掌真传带走了，可惜可叹！

为什么李文彪的掌力那样沉厚？程有功的沉掌那样高绝？郭凤德的掖掌那样精妙？这与他们打木板、托铁棍、托笼屉卖馒头分不开。不否认操功可以长功力，但练习过力了，身体经常透支是会伤身的。有功得半身不遂就是鲜活的例证。有些功夫很深的人寿命都不长也是这个原因。所以练武的人不仅要练功夫，还要注重养生，同时要修身，提高涵养。程有生先生为些许小事大发脾气，脑出血去世，是多么沉痛的教训！

## 再次踏上了从武之路

天坛西门内的东南角，是一块非常荒凉的地方，除了不计其数的苍松古柏外，到处野草丛生，香蒿疯长过人，人钻进去就看不见了。就在这草木丛中有半个篮球场大的土坑，深约一米，是练习八卦掌的好地方。20世纪70年代，我在这儿认识了许唯仁先生、贾振才先生、窦德元先生、德玉亭先生和韩武先生。许唯仁先生是醉鬼张三的徒孙，贾振才是他师弟，也是我师兄，因贾先生也是唐凤亭的徒弟，唐凤亭和骆老师是把兄弟。窦先生、德先生都是南城菜园刘五的徒弟，韩武是刘斌弟子张国祥的徒弟。窦先生、德先生辈分不高，但功夫很好，年龄也大，那时德先生都过60岁了。他们待我很好，对我一点不保守，我还向德先生学过单换掌、双换掌、顺势掌等掌法，所以，我对德先生以老师称之。他的八卦掌练法有独到之处。例如双换掌，动作不很快，但每个动作都要打出劲力：练习胸前撑掌时，只见一个摆步，气沉丹田，整个肚子搬到左胯上了；练习燕子抄水时，仆左步一个松肩，左掌手指直插足面，随之右足前踢，右肩突然前松，右腕的劲力全部顶出，真是上下齐动，内外合一，意动神随，丹田力发呀！这种练法使我获益很多，对我以后的丹田内力的练习帮助很大。"文革"期间，武术活动被迫停止。70年代后期，从天坛开始，我再次踏上了从武之路，天坛算我第二次从武之路的第一站。

有一天，听人家说，朝外团结湖公园里有人练八卦掌。于是，我抽了个时间，晚7点赶到，一看原来是孙长利先生，我认识，他比我大几岁，练查拳，是常振芳的徒弟，又练戳脚翻子，是吴斌楼的徒弟，怎么练八卦掌了？他一见我异常高兴，开始跟我说起练八卦掌的经过，说着说着，他的师父来了，我一看，原来是田迴先生。1966年之前，我在东单练转掌时，他经常在旁边看，我们很熟悉。经田先生自己介绍，原来他的八卦掌是家传，其实他对我非常赏识和器重，总想教我练他的八卦掌，遗憾的是我练的是八卦蹚泥步，他练的是雕旋步，大相径庭，故而没法练习，只好学了一个蛇形掌，浅尝辄止。他待我很好，知道我爱吃鱼，当我到他家时就叫老伴去市场买黄花鱼，做给我吃，由他的几个主要徒弟作陪。

团结湖公园是我第二次从武之路的第二站，见到田迴老师，得识“八卦掌又一枝”，不虚此行。

1966 年之前，我在程有信先生的场子里认识了王荣堂先生。王荣堂先生是程廷华先生的小弟子杨明山的徒弟，擅长形意拳和八卦掌。于是我就带着礼物乘 104 无轨电车去东四十四条他的家内看望他。王先生身材魁梧，有力气，特别喜欢动手，所以每次练拳时我们必然动手，屋子太小不过瘾，我们就去不远的地坛公园。经常去地坛，于是认识了吴彬芝先生和刘晚苍先生。我跟吴彬芝先生学了“武当六十四剑”和“三十六路翻身掌”。我在刘晚苍先生处练习太极推手，常常跟他的徒弟推手，刘先生也经常跟我推，指导我，我进步很快。因此，我也认识了刘晚苍先生的得意弟子王举兴先生和马长勋先生。王、马二位先生都是太极拳专家，可惜王举兴先生已辞世。

地坛公园是我第二次从武之路的第三站。刘晚苍先生身材魁梧高大，懂劲又力量大，善长发人。郝恩光之子郝家骏先生、杨禹廷亲师弟王子英先生都是魁梧身材，有力量，都是全国太极拳推手的顶尖人物。这告诉我们：推手时本力的大小很重要，当然，真能以巧破千斤，就更高啦！有人说，推手时不用力，只要眼睛一看，意念一到，对手就倒了，是否天方夜谭?

形意拳的鹰形、熊形就是取法于“鹰熊斗志”的故事，故鹰形、熊形在一起练，名曰“鹰熊合演”。起为熊、落为鹰，起是钻拳，就是熊，落为劈拳名“鹰捉”，动作十分简单实用。当我认识了张汝林先生后，他教给我一套熊形，与众不同，确有独到之处，令我欣喜若狂，满足了我多年的心愿，这就是缘分吧！

张汝林先生，天津人，操着一口味道十足的天津腔。他身材魁梧，膀大腰粗，神武有力，两只大手伸出来像小蒲扇似的。可以想象，他练的熊形是多么形象、威猛与神似。那天，我正在东单公园练拳，他一进公园我就看见了。因为他个子高大，很扎眼。经过交谈，我得知他练的八卦掌是高义盛一脉，形意拳传自尚宽。他说：“我是火车司机，每个休息日都扛着鹅蛋粗的大杆子到海河公园练拳，拧枪划杆……现在退休了，来到北京，住在木厂胡同的女儿家。”我跟张先生越交往情谊越深。他教给我软八手、硬八手、十二形等。每当我练熊形时，不由得就想起张先生，眼前就会浮现张先生那高大魁梧的身影。

张先生的这套熊形动作很多，有“黑熊挂掌”“黑熊卧枕”“黑熊漫步”“闭门推月”“回身盖掌”等。练习“黑熊挂掌”时要五指分开，全掌灌足气力，一掌下挂，一掌前推，仿佛黑熊推山似的。“黑熊漫步”是模仿黑熊站立行走的姿态，动作生动形象，憨态可掬，看来很笨，但每个动作都很实用，处处含有杀机。“闭门推月”是掖掌。在形意拳中别具一格，要沉肩坠肘，要掖出“寸劲”，掖出穿透力。

"回身盖掌"是回身打法，黑熊体态笨重，回身时不可能矫健轻灵，所以回身时又凶猛又有力量，搂头盖顶砸将下来，非把敌人砸扁不可。总之，练习这套路，不仅能学到很多巧妙的实战技术，而且能练内力，即所谓的"竖项之功"吧！

东单公园是我第二次从武之路的第四站，张汝林先生的十二形，与钱谨之先生的十二形套路不同，钱先生的动作紧凑细密，张先生的动作开展大方。我又受赵师兄传马形，看过周遵佛的十二形，不能不令我去比较，得以领悟到各形之内涵，感谢这些老先生们呀！

我有寒暑假，有星期天。假日里我就到北京各个练拳之地，去观摩，去学习，北海、景山、天安门筒子河的城墙根、日坛、月坛、玉渊潭等地都去。听说中国历史博物馆前练拳的人很多，我就找去了。一看，这些人我早就认识，是曹幼甫先生、王文奎先生，以及他们的学生李振海、徐育才等。曹幼甫先生是杨禹廷先生的师弟，王文奎先生是刘斌的高足，虽然都比我老师骆兴武先生小十来岁，但总算长辈，于是我就经常来历史博物馆练拳了。王文奎先生对我很好，无丝毫保守，教我八形二十四式、八卦连环剑、群拦刀等。在那儿我与曹先生的弟子李振海、徐育才练习太极推手，二人体重大，有力气，经常顶在一起，曹先生看了直乐，只得过来给我们说说，使我获益匪浅，我的太极拳推手又进步不少。有时我还去东单找高壮飞推，跟杨禹廷的早期徒弟赵树清推，甚而还跟我马有清师兄的徒弟苗新民师侄推。经过锲而不舍的努力，总算掌握了一些推手的要领，推手的水平又大大地提高了一步。

天安门的中国历史博物馆门前是我第二次从武之路的第五站，我特别喜欢跟李振海、徐育才推手，因为他二人是大力士，能使我长劲，还能找巧劲，从中练习听劲和懂劲。王文奎的八卦连环剑给我以借鉴，使我在三才剑、纯阳剑、武当剑、三合刀、八卦刀的基础上创编出"八卦连环剑"。

我在宣武区（2010年并入西城区）椿树胡同小学当老师，宁伯康女士跟我是同事，从而认识了宁老师的丈夫王敷先生。王敷先生的祖父和尹福是莫逆之交，故而王敷先生从尹福之子尹玉璋先生处学习尹氏八卦掌。王先生与我关系很好，觉得我是个可造之才，于是带我去拜见何忠祺老师。何老师个子不高，才一米六多，据说年轻时练过下盘。他圆圆的脸庞，胖胖的身材，慈眉善目，像个弥勒佛，但他的功夫在尹氏门中是公认的好。因为何老师的父亲是尹福的徒弟何金魁，何老师的母亲是尹福先生的女儿尹金玉，所以何老师从小就跟父母和舅舅尹玉璋、师舅马贵练习八卦掌，可谓家传与师授兼得，是尹氏八卦掌的真传和正宗，深得尹氏八卦掌之精要与精髓，深受尹氏门人崇敬。何老师已不再教人，因是王敷先生介绍我来的，他高兴地接纳了我，于是我经常去何老师家，幸运地得到了何老师的亲自指点和传授。

遗憾的是，他后来身受"文化大革命"的摧残，浑身是病，很多套路都忘记了，也练不了，所以我学的掌式不多。每次见面后，他都孜孜不倦地传授我八卦掌的手法和刀剑的使用，有时我们二人拿着筷子在屋内比划，使我得窥尹氏八卦掌的要点和门径。

师母是个小脚老太太，名副其实的贤妻良母，脸上总带笑，说话声不高，她常讲她婆婆的功夫好，“能盘腿坐在床上，用小脚扇人嘴巴……”使我长了不少见识。何老师也经常谈些老前辈的往事，谈自己如何为十九路军教刀法等。

**刘敬儒与师父何忠祺及师母合影**

有一天，何老师给我讲了这样一件往事。尹福先生每天晚上要去守护圆明园，晚 10 点左右从西直门出城，第二天早晨开城门时就赶回来了。除此之外，他还兼管几个王府的护院工作，这些工作都由徒弟们分别担任。有个王府由宫宝田和一个说话结结巴巴的师弟来守夜。夜里 10 点了，宫宝田与师弟各拿一把单刀去巡视，一处一处地看，突然一抬头，发现偏殿的屋脊上坐着一个人。宫宝田悄悄地对师弟说：“你装没事人似的慢慢走，我从后面上去看看。”宫宝田绕到偏殿后，殿侧有一藤萝架。宫宝田人称“宫猴”，身体非常轻灵。他轻轻爬藤萝架上了房，蹑手蹑脚地来到那人身后，拿单刀一下子向那人脖子削去，万万没想到，不但没砍到人家，人家还嗖的一声蹿到中大殿的屋脊上了。人家发话了：“尹老师在吗？”宫宝田只得实说：“尹先生不在！”人家说：“好，以后再来！”说着，只是几蹿就没影了。这件事何老师不会骗我的，这让我又一次认识到人外有人、天外有天，也让我深信，轻功是有的，只要身体轻灵，弹跳力好，练习得法，是完全可以做到的。

跟随何老师学习，使我认识了尹氏八卦掌的风格特点。尹福先生和程廷华先生最能代表董海川祖师，把尹氏与程氏八卦掌相对照，自然能领悟董公八卦掌之原貌，使我能深刻地理解八卦掌的风格与特点，掌握八卦掌之精髓。这是我梦寐以求的呀！

我一出手，何老师仅用一开掌，已到我身后，何老师强调说：“八卦掌要身法赢人、步眼赢人，步眼要快捷，身法要灵活，才能出奇制胜。这就要下功夫，所以说是功夫赢人。”

何老师晚年授徒很少，只有王尚志学到一些真功夫，但也很少教人，令我遗憾。我曾见张荩臣、王景山先生练尹氏掌，那真是正宗真传，真功夫。但现在原汁原味的尹氏八卦掌已难得一见了，令人无限感叹！

## 拜师裘稚和先生

1963年秋天，记得是个星期天的上午，我练完拳正想回家，忽然看见一位四十余岁的中年人正在东单公园的西北角练拳，动作连贯，圆活自如，这种拳，我从来没有见过，很是好奇，等人家练完后忙客气地问：“您练的是什么拳呀？”他脱口而出：“螺旋拳。”我非常惊讶：“您跟谁学的？”他说：“老裘。”我问：“老裘是谁？”他说：“裘稚和。”我很奇怪，因为我认识这位裘先生，他每个星期天都来中山公园看我练拳，那时候马有清师兄正跟骆老师学形意拳，老师坐在石凳上看着我和有清一人一趟地练，旁边蹲着这位裘先生，有时给老师递过来一支烟，他表示，他不会练，但特别喜欢看。

这位中年人一听哈哈大笑，他说：“我是汽车七场的党委书记，我叫赵长青，老裘是我场职工，我能骗你吗？”接着又说，“他还是张占魁的徒弟呢！”我说：“好吧！我星期六晚上六点去您场子看望裘老师，请您告诉他等我。”他说：“好吧。”他告诉我汽车七场的地点，然后分手了。

星期六下午四点下班后，我骑着自行车飞奔到二十多公里外的沙河镇，裘老师正在门口等我，我们一见哈哈大笑起来。他一边向我解释为什么说不会练，一边领着我向他的宿舍走去。在宿舍里他拿出了他与张占魁先生的合影，他说：“这位大胡子就是张占魁先生，左边站着的是赵道新，右边是我，旁边是张先生的儿子张远斋。”他又拿出了他与张占魁先生比手的照片，他说，那时候，他是天津有名的大资本家，张占魁先生和王芗斋先生都是他养着。张先生和王先生每月要从他那里拿200块现大洋。“三反”“五反”时他的产业被政府没收了，剩下一点钱买了一辆大卡车，在天津和北京之间跑运输，公私合营时合并在了运输七场……

从此，我们每个星期天都到天坛练拳。裘先生除了指点我形意拳、八卦掌外，还教我练习他编的“螺旋拳”（当时的名称是“武当三十六式”），分螺旋拳一套、螺旋拳二套。很难学，因为每个掌式中都有螺旋劲。裘先生的每月工资是80元，他说：“我每月给老伴寄回40元，剩下的就是我个人用。”所以每次裘先生见到我时不是带荔枝（那时还是新鲜物）来给我吃，就是请我去晋阳饭庄吃饭，他感叹地说：“要是在过去，我可以养着你练拳！”

就这样，匆匆两年，在“文化大革命”前几个月他退休回天津了，幸运地躲过

裘稚和（左一）、张占魁（前坐）、赵道新（后中）合影

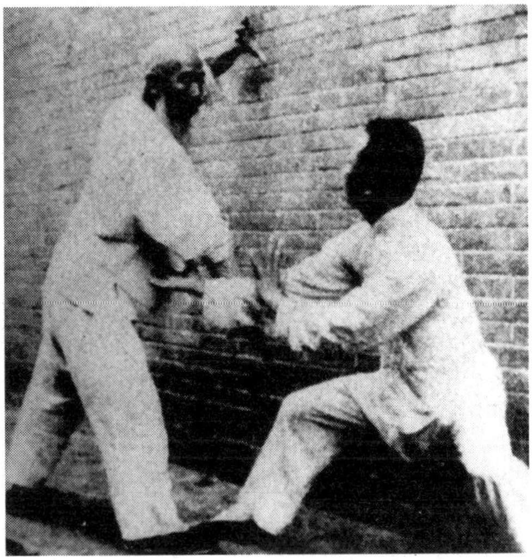

张占魁与徒弟裘稚和在兆丰胡同交手

裘稚和先生（中）、马有清师兄（右）、刘敬儒（左）合影

武當三十六式

| 蟒旋拳一套 | | 螺旋拳二套 | |
|---|---|---|---|
| 麟吐玉書 | 狸猫上树 | 白猿献菓 | 玄蛇断路 |
| 玉女穿梭 | 猿猴云洞 | 老圃浇園 | 織女纺線 |
| 横扫千軍 | 少女摇桨 | 推窗望月 | 二龙绞鬚 |
| 拨云現日 | 流星赶月 | | 绞浪翻云 |
| 对转双轮 | 船挪滚木 | 乌龙摆尾 | 起步生蓮 |
| 長揖问路 | 攬尾攀龙 | 移舟接岸 | 童児掛画 |
| 蛟龙闹海 | 猿猱崖藤 | 摘星换斗 | 起凤腾蛟 |
| 葉底藏蓮 | 古藤绕树 | 红雁斜飛 | 静波魚动 |
| 一窜冲宵 | 抽身吐信 | 猿缘峭壁 | 烛影摇红 |

1964.3.20

裘稚和先生“武当三十六式”手稿

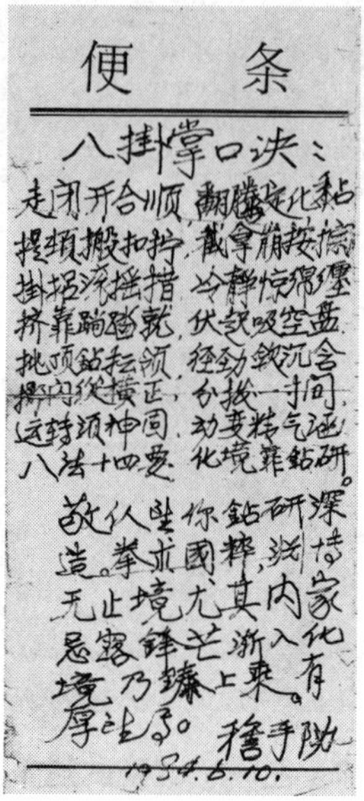

便条

八掛掌口诀：

裘稚和先生“八卦掌口诀”手稿

一劫。“文化大革命”中，赵长青受其牵连被打成了“走资本主义道路的当权派”。后来我们经常通信，裘老师还经常来北京。有一次，我请他去北京菜市口的汇泉浴池洗澡，他非常高兴。他能在池内露着小肚皮仰浮。他每次到北京后，我们都在一起，让我学习他的“螺旋拳”。

我也曾两次去天津看望他，一次是我从山东黄县经天津回京时，我在黄县买了一网兜海螃蟹和一兜莱阳梨，当我走在天津街道时，不少人操着天津口音好奇地问我：“哪买来的？”因那时天津人很难吃上海鲜，连喝的水都带咸味，是海水净化的，李瑞环当市长时将南水北调才解决了这个问题。我来到和平区山西路271号见到了裘老师，他住在一幢旧式楼房的二层上。裘老师一见我异常高兴，我和他全家高兴地吃了一顿大螃蟹。他又跟我说起他的螺旋拳，还要带我去拜赵道新先生，让我跟赵道新先生练拳。他说：“只有我带去的人，他才肯教。”遗憾的是，我不住在天津，怎能去拜赵先生呢！于是他就把赵道新先生亲笔所书的《内功拳法》（心会拳的前身）之原稿给了我，留作纪念。

赵道新先生的《内功拳法》共分八段：

一、动静不二，和光同尘　　二、凝神抱元，固本盘根

三、龙翔鹤举，熊径鸟伸　　四、曲伸开阖，沉着松静

五、纵横顺逆，出入无间　　六、追形逐影，光若仿佛

七、翕心存神，并气搏精　　八、雷崩电掣，骨振筋腾

可惜的是，我没有机会学到，终生遗憾。在此写出来以表示我对赵先生的想念，更表示对裘老师的感激、缅怀之情。

裘先生非常和善，没有老师的架子，跟我无话不谈。裘先生谈过王芗斋要收他、赵道新、顾小痴等为徒，他们没拜，王芗斋只好收赵道新为义子的经过。他们都称呼王芗斋为王先生或王师叔。他跟我谈王芗斋先生的做事和为人，他不止一次地说过，王芗斋与赵道新试手时谁把谁打到墙上，因为他在现场。还说了王芗斋先生与赵道新先生产生隔阂的原因，谈过赵道新与王先生在南京、上海教拳的经过，还谈过他与吴太勋、京剧女皇孟小冬等打麻将的事情……

遗憾的是，那时没问王芗斋是怎样拜郭云深先生为师的，为什么一个幼童就能尽得郭老真传。因为我在《中国武术人名辞典》上看到郭云深先生生于 1820 年，逝于 1901 年，王芗斋先生生于 1890 年，这样算起来郭云深先生逝世时，王先生才 11 岁；另外王芗斋先生主张“拳本无法，有法也空，一法不立，无法不容”，废除人造拳架子，连形意拳的五行十二形亦在废除之列，那为什么裘稚和先生和赵道新先生还要编有拳架子的“螺旋拳”和“心会掌”呢？这可能说明赵道新先生和裘稚和先生并不赞成王先生的观点。裘老师健在时，我能问问这些问题就好了，这样就不会时时萦绕在我的脑海中，百思不得其解！

1984 年，裘老师亲书《八卦掌口诀》80 字送给我，命我钻研深造，上面还写道：拳术国粹，渊传无止境，尤其内家，忌露锋芒，渐入化境，乃臻上乘。我牢记着裘老师的教导，不敢毫有违背。我认为这《八卦掌口诀》阐述精微，内涵丰富，不敢自秘。我还珍藏着裘先生给我的两封信，一封可证明我与裘稚和先生当时的关系，一封能证明裘老师与王斋先生的关系。

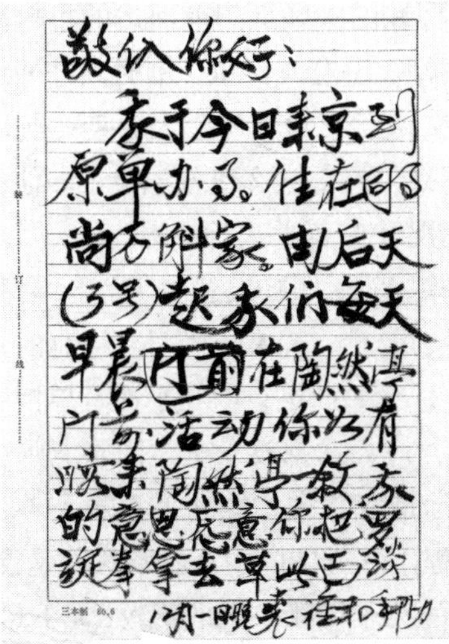

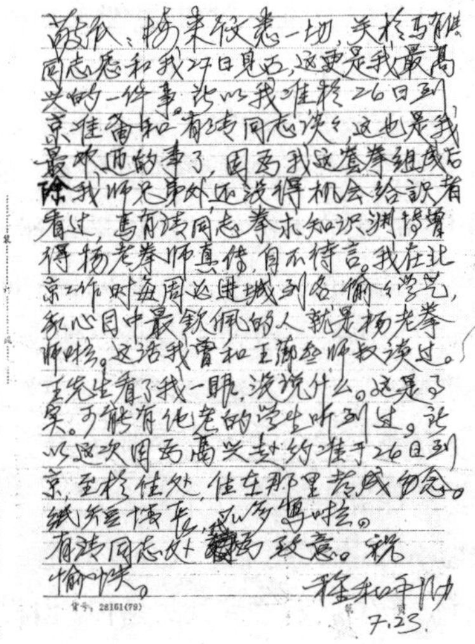

裘老师来信

裘老师对我非常喜爱和器重，他不但十分热心地教给我螺旋拳，还十分真诚地想把我介绍给赵道新先生，拜赵道新先生为师，但因来往天津、北京很不便，那时的经济条件也不够，只得作罢。结果螺旋拳也未学完，赵道新先生也没拜成，这是我终身的遗憾。

想起来我就无比羡慕天津的黄积涛、于作权等先生，他们实在是太幸运啦！虽然如此，但裘老师的螺旋劲我也领悟和掌握了，对我影响很大。我的八卦掌中时时内含螺旋劲，要感谢裘老师的恩赐，使我的形意拳、八卦掌功夫更上一层楼，令我受用无穷啊！

## 程有信先生与刘谈峰先生

有一天，我在东单公园练拳。刚练完，走来一位瘦高个子，留着小小八字胡、穿着条形格住院服、拿着一根文明棍的先生。他对我说："你认识我吗？"我一愣，因为我真不认识。他对我说："我就是刘谈峰，想起来了吗？"啊！我急忙说："想起来了！"刘先生是广东人，上中学时在广州跟鲍光英先生学过梅花摔手螳螂拳，抗日战争时在东南亚一带参加共产党，当时是中共中央对外联络部（简称"中联部"）的干部。他下了很多功夫，花了许多钱，向程有信先生学习八卦掌，并保证为程有信先生出书，于是程有信先生让刘谈峰先生照了八大掌的全套照片。但刘先生在武术界不争名，不争利，又因工作性质不允许他在武术界露面，很少有人认识他。他说："你参加比赛时我就坐在看台上，你练得不错，我现在正在北京医院住院治病，过些日子就出院了，我想教你点东西，好吗？"我一听大喜过望，跟他定好了时间地点才分手。

我5点起床，骑车15里急匆匆地赶往木樨地的中联部门前河边的小树林。那是冬天，寒风刺骨呀！刘先生穿着大衣，戴着棉帽、手套、口罩，准时兴冲冲地赶来。他跟太极拳家武汇川的侄子武云卿是莫逆之交，互相学习切磋太极拳，所以先教我太极，我练了一个月就把架子学会了。他很高兴，怎么这么快就学会了。他不知道，我学过很多架式的太极拳，所以学来容易，何况我着急学八卦掌呀！

社会上演练的八大掌不尽相同，有的是单换、双换、顺势、背身、背插、翻身、钻身、摇身，有的是单换、双换、背身、转身、摩身、勾挑、探掌、翻身，还有的是单换、双换、顺势、背身、双撞、双劈、立桩、翻身，不一而足，但几乎都有单换、双换、顺势，故称老三掌。我跟骆老师练拳20余年，八大掌都没学全，因骆老师学艺时老前辈是非常保守的，会几个掌就可以了，关键是有功夫，能动手不输人。因程廷华先生去世时52岁，还未把八卦掌教全，故而程氏八卦掌门中八卦掌法很是混乱。

程有信先生虽未得到其父亲传，但程廷华的弟子们哪一个敢不教，无不尽心传授，故而程有信先生系统地整理了程氏八大掌，还创编了"八八六十四掌"。"八八六十四掌”与“八八六十四手”不是一回事。“八八六十四手”是大枪刘德宽所编，是直趟子，每趟有八手，不完全是八卦掌手法，有六合拳、岳氏散手，还掺杂有擒拿法和太极拳。“八八六十四掌”是程有信先生创编，他只传给了刘谈峰先生，现在我能真正掌握八大掌、六十四掌的练法和技击特点，这都是刘先生的恩赐。

程有信与刘谈峰合影

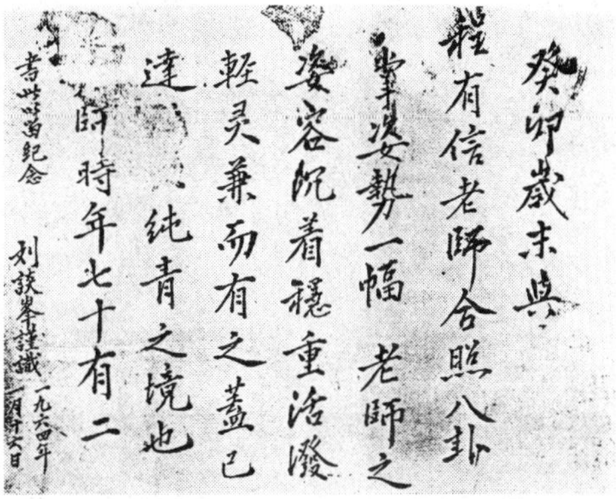


照片背面文字说明

有一天，他拿来一对兵器问我是什么，我一看就知道，这是八卦子午鸳鸯钺。他问我喜欢不喜欢学。我当然喜欢，因为这是我梦寐以求的东西。我知道《雍正剑侠图》中的童林童海川，使的是一对鸡爪鸳鸯钺，不就是现实中程门的八卦子午鸳鸯钺吗？何况骆老师不会，不能传我，今天，刘先生要传我，我怎能不喜出望外！他让我先做木头的，做好了再学。他哪知我学习心切，下班回到家就把床板子给锯了，我用锉一点点地锉成了一对钺。第二天，当我将做好的一对钺拿到他面前时，他大吃一惊！怎么这么快就做好了呀！我把经过一说，他很高兴，于是马上传授。

八卦子午鸳鸯钺，又名“日月弧形剑”，全名称是“鹿角、鱼尾、蛇身、熊背、凤眼，四尖九刃十三锋”。第一套“二虎擒龙”，分八趟，专门破枪棍；第二套“双蛇戏凤”，分八趟，专门破刀剑；第三套“八门金锁”，按八掌练习，目的是随心所欲，出手成招。现在，社会上有的人练的八卦子午鸳鸯钺的样子与我的差不多，但有人练的钺在鱼尾处少一尖刃，成了三尖七刃十个锋了，可能是怕屈腕时把自己手臂划着吧，但却失去了用鱼尾封闭、拦截敌方兵刃的功能，失掉了护手的作用。

刘先生还要教我梅花摔手螳螂拳，我没敢学，因为刘先生身体不好，有心脏病，我不能让他再辛劳了，我只是请他给我讲解“摔手”的要领，使我明白了鲍光英先生为什么在梅花螳螂拳的基础上加“摔手”。

1979 年，当我去参加南宁的第一届全国武术观摩交流大会的前夕，刘先生送给我一套程有信先生八大掌拳照。现在国内外杂志上或八卦掌同门手中的程有信穿着布棉衣棉裤的相片都是我赠出的，或他们又翻拍的。这套拳照有 80 多张，对我来说真是无价之宝啊！我时常拿出来看看，从中领悟每个动作的劲力和要领，领悟每个动作的意境和内涵。这些相片能让我想到老前辈是怎样练功的、是怎样动手的，使我受益无穷。

**程有信先生练功照片，供八卦掌爱好者参照与欣赏**

1980年5月，我要去山西太原参加第二届全国武术观摩交流大会，刘先生因尿毒症住进了北京医院。出发的前一个晚上，我替他的妻子女儿值了一整夜班，略尽孝心吧！那晚上，我一夜没合眼，给刘先生抓痒，他浑身瘙痒不止，几乎把皮肤抓破了仍不解气。我的两手臂累麻了，也没敢停手。当我从太原再次获得八卦掌金牌，回到家时，写字台上摆着刘先生追悼会的讣告，我万分悲痛。现在，一回想起来，就油然而生一种感激之情，以及无限的沉痛和缅怀！

刘谈峰先生答应给程有信老前辈出书，但未能完成，就于1980年逝世，令人哀伤。为了完成刘先生的遗愿，我终于在2005年于人民体育出版社出版了《程氏八卦掌》一书，以此作为对程先生、刘先生的追悼、缅怀和回报！

程有信先生是眼镜程之子，深得程氏八卦掌的正宗家传，在新中国成立前后已声名赫赫，但授徒非常保守，能得到真传者寥寥无几。但他教刘谈峰先生却是例外，因刘先生花了许多钱，并答应他决不轻易传授于他人，还答应替程有信先生出书，弘扬程氏八卦掌。刘先生能够传授于我，更使我意外。这就是缘分吧！由于这种缘分使我学到了程氏的八八六十四掌和八卦子午鸳鸯钺，更让我幸运地得到程先生的八十张练功资料照片。这一切得以留传于世，不得不感谢刘谈峰先生。

## 拜师单香陵先生

单香陵先生，山东黄县邹家村人。幼年时好动，手脚灵活，7岁时就随黄县赵景清老师学习长拳。其后，他的父亲又从山东莱阳请来著名拳家吕孟超老师，吕孟超老师是太平天国最晚时期的将领，城被攻破时逃到山东隐匿住了下来。吕老师教他通臂粘拳和枪棍术，前后历时八载，后因年事已高回到故居。于是，单香陵先生又到了黄县北关著名六合螳螂拳大师丁子成先生家学习六合螳螂拳术。单香陵先生与丁子成夫人沾亲，到了丁老师家，丁老师夫妇非常欢迎，丁老师非常喜欢单先生的枪棍术，于是和单先生商定，由单先生教诸师兄弟练习枪棍术。丁老师向单先生亲授六合螳螂拳。单先生嗜武如命，勤学苦练，受到丁老师的器重，经过悉心传授，不过数年，单先生的六合螳螂拳已得其精髓，后离乡，来北京学做生意。

单先生乘船北上，由水路越渤海到了大连，住在一位经商的朋友家里。一天，6个日本兵闯进了单先生寄居的粮店，强取货物，店员们叫他们付钱，却被打得半死。单先生见状大怒，挥动铁拳狠狠地教训了行凶的日本兵。不久，单先生离开了大连，到了北京，在老乡开的粮店里学做生意。

1933年，单先生28岁，参加了北京官园体育场举行的华北武术擂台赛，以超群的功夫过关斩将，最后由刘二彪弟子刘书琴与单先生争夺冠军，因裁判给分不公，单先生罢战。此时主席台上的北京行辕主任何应钦和东北军少帅张学良问下面闹什么，得知是给分不公时，张学良说："希望他们再打两场，给二位都是冠军！"赛后单先生很佩服刘先生的功力。刘先生已四十余岁，也非常佩服单先生这样年轻就有如此功夫，于是由刘先生师弟马步周（马礼堂）出钱宴请单先生，两人成了莫逆之交。后由刘先生和尚云祥先生出面，介绍单先生拜李星阶为师，又学了形意拳。

单先生的高超技艺，成为北京市的头号新闻。梅兰芳先生特请单先生前去，欲聘为保镖，单先生不允，于是以朋友相交。单先生住宣外永光寺东街，离徐兰沅先生家不远，两人是最好的朋友。广和戏院的大股东王玉堂先生住椿树上三条，也住得不远，相互认识了。于是王玉堂先生邀请单先生去广和戏院管理前台的账目，即管理“三司”：卖茶水的、卖糕点的和送手巾把的秩序和账目，因为这些人较杂，一般人管不了。单先生一去，在戏院里一站，当地的地痞流氓再没有敢闹事的。那时的广和戏院在鲜鱼口的肉市，广德戏院在大栅栏内，广德戏院老板一看非常羡慕，通过王玉堂先生又把单先生请到广德戏院，所以朋友们开玩笑地送其外号“两广总督”。

广和剧场是富连成科班所在地，一天，科班内的盛字辈学员起了内讧，一时剑拔弩张，非要武力相见不可。单先生为了挫挫双方的锐气，以达调解之目的，命人搬来一些砖，码成一摞，说：“我听说诸位因小事不和，准备同室操戈，想必都有两下子。既然如此，哪位先来拿这几块砖试试，给大伙露一手。”双方面面相觑，自知不能，静静地看着。“既然诸位不行的话，那就来看我的。”说罢，单先生走到砖前脱下长衫，挽起衣袖，抖抖丹田气，大喝一声“开！”右手闪电般地砸下去，哗啦一声，九块砖自上至下全部击碎，立时引起一片喝彩声。单先生又对大家晓以大义，从此大家言归于好。

此举震动了梨园，不几天，班主叶存善先生、总教习肖长华先生得知此事，特聘单先生为“富连成”科班的客座武术教师。单先生与肖长华先生、徐兰沅先生最为莫逆，每次到京后，都要在徐兰沅家住几天，所以盛字辈、世字辈都尊单先生为老师。四小名旦第一位李世芳，得以拜梅兰芳先生为师，还是徐兰沅和单香陵出的主意，想的办法。单先生原名单丕勋，叫起来很别嘴，单香陵之名还是梅先生所取。在单先生大女儿家还存有单先生与梅兰芳先生的合影。

单先生性格直爽，为人仗义，他的许多事迹一直被传为佳话，骆老师也很佩服单先生的人品，经常谈到他。有一次，骆老师高兴地告诉我，他在中山公园来今雨轩茶社参加了个拜师大会。此会是由马有清举办，由陈云涛主持，介绍马有清拜吴图南先生为师。与会者还有杨禹廷、徐致一、李秉慈、马汉清，都是练太极拳的，只有骆老师是外门的人。马有清的拜师仪式后，马汉清建议说，希望陈云涛先生代单香陵先生收他和李秉慈为徒，因陈云涛先生与单香陵先生是师兄弟，有联系，陈云涛先生答应了，代单香陵先生举行了收徒仪式。这顿宴席非常丰盛，大家也是尽欢而散。骆老师说完后，我问：“他们在哪学拳呀？”骆老师说由陈云涛先生给单香陵先生写信，邀请单香陵先生来京传授马李二人。我多么羡慕呀，因为我心目中对单香陵先生无比敬佩，我听他的事迹都已很多年了，我如能跟单香陵先生学螳螂拳，那是多么幸运呀！

一天上午，我在东单公园练完拳，正想到各处走走看看，忽然发现东单体育场

单香陵先生

刘敬儒在山东黄县单老师家学习六合螳螂拳

上有人练拳，于是我就到体育场去看。原来是马汉清先生和李秉慈先生正跟一位老先生学螳螂拳。老先生六十多岁，瘦高的个子，穿着一身黑色的中式裤褂，脚上穿着解放牌绿胶鞋，目光炯炯，精神饱满。我一猜可能是单香陵先生。于是我走过去恭敬地问："您是单老师吧？"他爽快地用山东话说："是，您是谁？"我说："我是骆兴武的徒弟。"他说："不是外人，我跟你老师是老朋友，回去一问就知道了。"我看了一会儿他们练拳，并问了他的住处，我说："下午，我可能陪着骆老师去看望您。"他愉快地说："行，欢迎！"下午，我陪着骆老师来拜访他，在谈话过程中，我表示了很想学螳螂拳，骆老师同意。单老师说："行，您的徒弟就是我的徒弟，想学什么都行。"于是，从第二天开始，我就同李秉慈、马汉清一起向单先生学习六合螳螂拳术。

单先生嗜武成痴。晚年，把自己家的五间大北房全都打通，黄土漫地，成为练功房，每天练功不辍，单老师的六合螳螂拳真是炉火纯青，左右逢源，圆活自如，不管你怎么出手，都是送上门去挨揍。他的枪棍术更是技艺精湛，堪称一绝。

单老师的子女住在内蒙古包头市，所以他经常往来黄县和包头之间，每当他路过北京时就是我和马汉清、李秉慈学习的好机会了。我就早晨去、晚上去，还设法去医院开个病假条，请假后去。因此，我学到的最多，进步也非常迅速。

1982 年的暑假，我带着徒弟于绍义到黄县看望他老人家，并叩头拜师。每天早晨单老师都盛一碗黄豆去豆腐坊换豆腐，再买一斤鲜猪肉，或者买一只烧鸡。我们坐在小饭桌前吃饭，一边吃一边讲。单老师很喜欢谈他在"富连成"科班及在广德和广和戏院时的故事。我们上下午都练拳，单老师教我形意的"三才剑"。他说："这套剑我教给了叶盛章，叶盛章在'酒丐'那出戏中的舞剑就是这套剑。"单老师给我讲枪棍术的“点子”，什么叫粘黏，什么叫抹漏，说着说着，让我拿过枪棍来比划。晚饭后单老师就给我讲六合螳螂拳的功理和手法：“螳螂拳要练至一活、二顺、三刚、四柔、五化，又有明刚、暗刚、明柔、暗柔四种内劲，手法要活似机轮，身法圆似钢球，腰似车轴，出手雕翎箭，用闪电纫针的打法。”他只要打开了话匣子，就是滔滔不绝，时时站起来给我喂招说手。

1983年，单老师听了别人劝说，心里一活，就把山东的房子卖了，只好到子女家去生活。很快钱花光了，一辈子刚强的人看着别人的眼色吃饭，窝出了一身病，几乎轻生自杀。我的师弟杜金果从包头给我来信，说单老师已卧床不起，我异常着急，赶紧给老师寄去一些钱，务必给老师看病。后来，杜金果告诉我说：“我把钱亲自交给了老师，当时老师已经不能说话了。老师脸上露出笑容，看着我把钱数了数，点点头，压在了枕头下面。”万万没想到，第二天，1984年3月5日早晨，老师与世长辞了。老师教我毫不保守，使我获益良多。现在，老师的音容笑貌仍历历在目。在此，让我默念：“老师，您老安息吧！我一定刻苦练功，为六合螳螂拳的发扬光大做贡献，绝不辜负您对我的期望。”记此以表无限沉痛的哀悼！

有一件事不得不提，因为它关系到单老师的声誉。那就是1991年《武魂》杂志第三期登载的一篇文章，题目是《意拳发展与姚宗勋》。如果文中只谈意拳如何兴起、如何发展，只夸姚宗勋如何伟大，无关紧要。千不该万不该把单香陵先生牵扯进去，更不该混淆是非，颠倒黑白！

这篇文章中写姚宗勋打倒了武培卿，这是事实，但文章中写韩樵打倒了单香陵完全是子虚乌有，事实是单香陵先生打倒了姚宗勋。

大兴县（今大兴区）武术馆馆长是唐凤亭，不是武培卿。武培卿虽是李复祯的弟子，但不善动手，是个商人，与唐凤亭是朋友，时常来武馆坐坐。1941年的某日，姚宗勋带着多人来武馆寻衅。唐凤亭不在场，正值武培卿在屋，二人言语不合，动起手来，武培卿的劈拳已按在了姚宗勋的胸上，没下狠手，只点到为止。可姚宗勋不管这些，用拳击的直拳，一下子把武培卿打倒在地。正当此时，单香陵来武馆玩，一看就急了，“呵，姚宗勋了不起呀！来跟我试试！”姚宗勋正在气盛时，一拳向单香陵打来，而单先生只用了一个“底漏圈”就把姚宗勋打倒在地，这下子乱了，有的人跑出去叫警察，要抓单先生。正好郝甲三先生来到，因郝先生在警察局工作，衣服上有官衔，他把警察哄走了，这事才作罢。最终，还是由当时北平国术馆副馆长许禹生先生出面请客，为双方调解才作罢。此事是当时北平武术界人人皆知的大事，单先生为被日伪压制的武术界出了一口气，无不称赞单香陵的英雄之举。

单先生于1984年辞世。去世前，他曾很详细地跟我说过这件事。这件事情中没有韩樵，到现在我都不知道韩樵是谁。单香陵还嘱咐我说：“我跟姚宗勋都已经老了，过去的事以后就不要再提了。”没想到在许许多多知情老前辈去世后的1991年，《武魂》杂志登载了这样的一篇颠倒黑白的文章，而且现在仍有人在问我："是姚宗勋打倒了单香陵吗？"令人万分气愤！我本来写好了要驳斥他们的文章，但《武魂》杂志主编常学钢总是劝我："这是上任主编的事，我不便于更改，都是熟人就算了吧，暂时先不提了。"我只好在此把真相写出来，以正视听，否则单香陵永蒙不白之冤！我会一生愧对单先生的在天之灵，我的良心将永受谴责。

## 全国武术观摩大会

1979 年元旦，我去看望国家武术处的李天骥先生。李先生热情地对我说："今年 5 月，国家体委将在广西壮族自治区南宁市举办全国武术观摩赛，每个省和北京市都可选拔运动员参加。怎么样，你不准备准备，参加一下？"我一听，高兴异常，回来后就投入了紧张的备战，每天摩拳擦掌，时刻准备着北京市的区、市选拔赛。果然，4 月北京市体委行动了，首先在各区县选拔，然后在东长安街体育场进行全市的最后选拔。那天，看台上座无虚席，盛况空前，这是"文革"后的第一次武术盛会呀！参加形意拳、八卦掌竞选的人很多，许多著名的武术家如马传旭、邸国勇、王桐、赵大元、牛胜先等都参加了，经过角逐，我和赵大元入选北京武术代表队。

北京市体委非常重视此次比赛，体委管吃管住集训了一个月。领队是体委群体处的范宝云女士，后来调任北京武术队的领队。我们的队长是吉良晨先生，吉先生是崔毅士先生的大弟子，是著名的中医专家。队员有马长勋、张旭初、袁敬泉等。袁先生当时 80 岁，是炮捶专家，102 岁去世，是长寿星。还有两位硬气功专家，是侯树英、刘海亭。

1979 年 5 月，第一届全国武术观摩大会在广西壮族自治区南宁市举行。那是一次非同寻常的武术盛会，对当时我国武术界来说，犹如第二次解放，社会影响很大。经过十年浩劫的洗礼，众多武术界人士从忍辱负重中走了出来，带着对中国武术的信心和希望，汇集在这阳光明媚、繁花似锦的南国边陲，展示自己的才能，角逐争先，要为我国武术事业的发展冲锋陷阵，再立新功。

这次武术盛会是一次精英大聚会，是中国武术史上空前绝后的大会，许多在"文革"中惨遭迫害而仍健在的老武术家们也都参加了角逐，如四川被誉为一代猴王的肖应鹏；当年中央国术馆的高足，成都体院教授王树田；武汉体院教授刘英华；四川峨眉派大师赵子虬；名震京畿的"大枪袁"袁敬泉；山西大学教授鞭杆权威陈盛甫；曾参加过义和团廊坊保卫战的龙形派创始人、90 岁高龄的刘志清……不胜枚举。更有许多武术界的名人名宿和后起之秀。香港的老精武会会员邰汉生老先生也亲率港澳代表团参加。大会运动员的平均年龄 47 岁，我当年 43 岁，可以说是年轻运动员。大会在驻军南宁的自卫反击战司令员许世友将军入席后，在雷鸣般的掌声中开始。运动员们大展才能各显身手，经过激烈的比赛，不负北京人民重托，我获得了八卦掌金牌，为北京市人民争了光。大会要求所有获得金牌的运动员都要到北京来为中央首长和首都市民汇报表演。我不能随着北京队的其他运动员们去游览桂林和苏杭，只好又回到北京。幸好我在宾馆中与三位四川的武术家肖应鹏先生、赵子虬先生、王树田先生住在一室，不仅得识三位武术大师，更使我学到不少东西，受益匪浅。在大会上还认识了黄万祥先生和崔林生先生。黄先生的功夫很好，不幸英年早逝。崔先生是当代最著名的戳脚翻子拳专家，见面很少，令我十分想念。

**前排左起：范宝云、袁敬泉、山东徐、唐永江**
**中排左起：侯树英之妻、马长勋、纪良臣、小孙、张旭初**
**后排左起：赵大元、侯树英、刘海亭、刘敬儒**

1980年，在山西太原市举办了第二届全国武术观摩交流大会，北京市又进行了选拔，参加竞选的人员除了上次参加者，李子鸣老先生也参加了。结果，我又被选为北京市代表队成员，在山西太原大会上又荣幸地获得了八卦掌金牌。

1980年，在北京市东城区体委唐永江的领导下，由我、李秉慈、刘鸿池、马长勋、王怀五人创立了“东城武术馆”。这是“文革”后的全国第一家武术馆，我们担心招不到学生，没想报名学习的人潮涌而来，后来我们只得分班，又聘请许多新教练，为全国开办武术学校带了个头。随后全国各地的武术馆校如雨后春笋般地纷纷成立，我们为武术的发展做了一定贡献。

东城武术馆一天比一天壮大，后来发展到几十个班。练习形意拳、八卦掌的人很多，我一个人教不了。我先后聘请骆大成、孙志君、朱宝珍、钱文章、牛胜先等来此授课。为此，牛胜先非常感谢地说："我的师兄弟都没帮过我！"

1981 年，在沈阳举办第三届武术观摩交流大会，北京体委范宝云女士劝我不要参加了。结果在这次大会上，我的学生付春梅获得了八卦掌金牌，为八卦掌争了光，为八卦掌的发扬光大起到了推动作用，这也是我一生的光荣。

这一年，我被聘为北京武术队的八卦掌客座教练。1990 年代初，我又被殷玉柱教练请来授课，专门传授八卦掌技艺，断断续续曾在该队任教十余年，培养出了众多的八卦掌国内外金牌获得者。戈春燕曾五次获全国武术比赛八卦掌金牌，壮晖三次获金牌，张宏梅、商钰也获得了全国八卦掌金牌。付春梅不仅获得第三届全国武术观摩表演赛的八卦掌金牌，还获得全国工人运动大会上的八卦掌、八卦剑金牌。现在这些人都在国外教拳，都是武术专家了。

我教北京武术队女队时，全队队员都要练习，教练李俊峰排在队伍中的第一个，随队练习八卦掌。当时我很诧异，后来，当我看到电影《武林志》，李俊峰饰演东方旭，戈春燕饰演东方旭的妻子，表演的是我教的八卦掌时我才恍然大悟！

1980 年，在北京市体委领导下，在先农坛体育场召开了北京市武术协会成立大会，主要成员是 1979 年和 1980 年参加全国观摩大会的运动员和一些当时活跃在武坛上的武术家，如吴图南、杨禹廷等。大会指定刘哲为会长，范宝云女士为秘书长，与会人员均为武协委员。

范宝云（前排左一）、刘哲（前排左二）、吴图南（前排左三）、张山（前排左五）、刘敬儒（后排左四）、李秉慈（后排左五）、李峻峰（后排左六）

## 披星戴月练功人

1981年1月6日的《北京晚报》登载了一篇报道，题目是《披星戴月练功人》，使我大吃一惊。我在学校当教师，没有人知道我练武术，第二天到学校后，同学们都好奇地问我："刘老师，是你吗？"我一下子成名人了。但扪心自问，让我无限惶恐，这篇报道不正是向自己敲来的警钟吗！虽然我在1963年得过全北京市八卦掌金牌，1979年和1980年又得了全国武术观摩大会金牌，自己教的学生们又都是全国八卦掌金牌，自1957年起，费尽心血又向老前辈们学了许多形意拳、八卦掌，甚而还学了六合螳螂拳；但真功夫如何呢？与老前辈们差得太远太远了，我深感到这一切只能算是皮毛，只能算半个内家拳呀！所以，我看到这篇报道并不沾沾自喜，它是长鸣的警钟，时时敲我清醒，也是及时雨，告诉自己要重新下功夫，不能只求广而博，还要求精，不要只求皮毛，而要领悟真谛，要去追求形意拳、八卦掌的内涵和精髓，使自己的功夫更上一层楼，登堂而入室。

1980 北京体坛冠军录

披星戴月练功人

——业余武术运动员刘敬儒

去年五月，在太原举行的全国武术观摩表演大会上，刘敬儒表演的八卦掌，掌法老练，劲力沉实，身随步走，步随掌换，矫捷柔韧，获得了大会颁发的金奖。

刘敬儒今年四十四岁，是宣武区梁家园小学教师。他从二十岁起半路习武，拜北京颇负名望的武术家骆兴武为师，专攻八卦、形意等拳路。刘敬儒练功习武十分刻苦，每天早晨五点，他就起身练功，晚上还要练一次。不管秋冬春夏，练功习武一天不止。练八卦掌第一功首先要练好八卦步。走八卦步时要两腿屈，身子矮，剪子腿，行步如蹚泥，一般人能走上十几步就算不错了。他每天光练八卦步就要走上三、四十里路。常从天坛公园北门进，绕西门经祈年殿，回音壁至七星石，来回要走上几圈。

刘敬儒不单苦练，而且勤学，哪里有武术表演，他不吃饭也要从头看到尾，一边看一边记，仔细琢磨。为了向一位老拳师学习一技之长，他顶着凛冽北风，骑车几十里前往清河去登门拜访求学。

现在刘敬儒是北京市武术协会委员，工作之余仍在继续武术的研究和锻炼。

·晓天·

1980年《北京晚报》报道刘敬儒练功事迹

1982年，北京市八卦掌研究会在北京武协领导下成立了。在范宝云女士的主持下，大会从参与大会的八卦掌同门100多人中选出了十几位常委，分别是王文奎、李子鸣、王敷、贺普仁、刘兴汉、杨昆、张鸿基、徐振彪、赵大元、高文亮、潘学植和我。随后在常委会上选举王文奎为会长，李子鸣、贺普仁、王敷为副会长。王文奎先生是眼镜程弟子刘斌先生的高足，功夫深厚，为人谦和，很受同门的尊崇，但老先生非常谦虚，说什么也不当。只好由范宝云女士指定，让李子鸣先生为会长。李子鸣先生是共产党员，搞过地下斗争，尤其在把董海川先师的坟地迁至万安公墓的过程中，做了很多工作，与范宝云女士熟悉。这样，李子鸣先生成了八卦掌研究会第一任会长。为了研究工作的方便，范宝云女士说就让李子鸣的弟子赵大元当秘书长，让我当副秘书长，不用选举了，接着又推选高文亮为副秘书长。这样，全国第一个八卦掌研究会就诞生了。随之，大会又决定了一些马上应该做的事，包括解决会员问题、经费问题、会址问题等。李子鸣先生很慷慨地说："我家有地方，就设立在我家吧。"于是，"八卦掌研究会"的大牌子就挂在了李子鸣家的院门外的大墙上。开始，研究会举办了些活动，受到北京市八卦掌爱好者的欢迎，还开了几次常委会，但都是不欢而散。有一次，高文亮与李先生吵起来了，二人声音越来越大，北屋内的李夫人都坐不住了，跑了出来，说：“你们要把老先生气死呀！要这样，以后就不要来我家开会了！”后来，会议就少了，1984年，就无人通知我开会了，听说高文亮也不去了，好像我们被开除了似的。会长应该四年一改选，不知为什么，李子鸣先生当了十一年的会长，赵大元当了十一年的秘书长，当李子鸣先生年老得病住院后，才改选。他们选的会长是李子鸣先生的夫人冼女士，秘书长是赵大元，成了师母与徒弟二人了。名单报到北京武协后，因冼女士不是练八卦掌的，未能批准。于是由李子鸣的徒弟马传旭代理会长，北京武协认为也不合适。1993年，戳脚翻子拳专家、北京武协副会长刘学勃先生招呼我，说我还是副秘书长，让我和马传旭组织八卦掌研究会的第二次改选工作，于是我找来孙志君、朱宝珍协助重新改选，我这才重返八卦掌研究会。因马传旭原是代理会长，因此就让他当会长，我和孙志君、朱宝珍就当副会长了。后我又担任北京武协八卦掌研究会的监事长、顾问委员会主任。以上事实，刘学勃先生、北京武协秘书长毛新建先生都可作证。

十年呀，是个不短的时间，很少再参加武术活动，我就“两耳不闻窗外事，一心只读圣贤书”吧，这本书就是埋头练功，从头开始。没有了那些世俗的纷扰，对我而言未尝不是一件好事。尤其是习武之人，必须平心静气，许多先贤练功时都要闭关，也是这个道理，闲暇正好可以让我专心练功。我要把这些年荒废的时光补回来，要一切从头做起。

80年代摄于山西太原

程式八卦掌

80年代摄于北京陶然亭公园

尹式八卦掌

八卦子午鸳鸯钺

八卦掌行步撩衣

从头练起就要转大树，老前辈说“八卦掌的功夫是转出来的”，确实如此。通过“转”，使我领悟到大树就是敌人，一掌前伸、一掌护后就是在走动中跟敌人动手，忽而左转、忽而右转的目的，就是为了练习出其不意地忽然到敌人身左、身右、身前或身后去打击。这就有了单换掌，掌中有掌的双换掌，顺势而打的顺势掌，背势而打的背身掌，转身而打的转身掌，磨身而打的磨身掌，翻身而打的翻身掌，打了就走、忽然又回的回身掌。此时更悟出一掌前伸，刚好打在敌人胸膛，所以必须以这一臂之长度为半径走圈，正好八步，好像脚踩着八卦图练习掌法，这样的功夫能不命名为“八卦掌”吗！

为了在走动中打击敌人，或避正就斜出奇制胜，转掌时就必须做到“转身如拧绳”，要向圆心拧腰90° 来练习。所以祖师董海川，二代尹福、程廷华等，三代马贵、李文彪、宫宝田、程有龙等，都强调“转身如拧绳”。这时我才真正地领悟到“转身如拧绳”正是练习八卦掌的真谛。

练功时，决不可走一会儿休息一下，要像打铁一样趁热打，只有从苦从难、一丝不苟地练，在“转身如拧绳”中去求掌法、求身法、求步眼、求劲力、求功夫，方能成功。通过练功，我认识到要做到尹福先生说的“掌法赢人，身法赢人，步眼赢人，功夫赢人”和程廷华先生所说的“交手时忽前忽后，或粘或走，或开或合，或即或离，或顶或丢，忽隐忽现，或忽然一离，相去一丈有余远，忽然而回，即在目前，或用全体之力，或用一手，或二指，一指一节，忽虚忽实，忽刚忽柔，定形，变化莫测”的随心所欲的境界，是完全可能的。

1991年，北京武术院成立（北京市武术运动管理中心于2001年正式挂牌成立），地址设在北海体育场，主任和院长都是吴彬先生。随后北京武术协会也改由武术院领导，会长由吴彬先生兼任，秘书长是毛新建先生，管理各传统武术协会的是副会长刘学勃先生。在他们的领导下，我又重新踏上了从武之路。首先，他们要求我与马传旭先生重组并改选了八卦掌研究会。1994 年，应香港武术协会会长霍震寰先生邀请，在北京市体委与武术院领导下，北京武术界人士参加了香港国际武术节的表演。应邀的北京武术家有孙剑云、冯志强、刘学勃、曹彦章和我及崔瑞彬师兄弟二人。

我们在香港做了三场表演，受到了热烈的欢迎。每场表演都是北京武术队男女小将先上场，真是长拳短打，精彩纷呈，刀光剑影，身手不凡，获得了一阵又一阵的掌声。该老武术家表演了，孙剑云的孙氏太极拳是正宗家传，冯志强的陈氏太极拳浑厚沉实很有功夫，刘学勃的戳脚翻子拳正是南拳北腿的北腿。我要练两场，一场形意拳，一场八卦掌，当然是正宗真传，获得了热烈掌声。还有曹彦章的杨氏太极拳，崔瑞彬及其师弟的意拳推手，真是一个高潮接一个高潮。大轴的表演是北京武术队的男女对练，紧凑激烈，惊险火爆，无比精彩，更获得了全场的掌声，让全场观众惊叹不已。大会结束后，霍震寰宴请了全体队员。

左起：曹彦章、霍震寰、刘敬儒

左起：曹彦章、冯志强、孙剑云、刘学勃、刘敬儒

刘敬儒与何福生先生合影

左起：刘敬儒、蔡龙云、邵善康

## 著书立说

通过十多年的练功，我对八卦掌又有了新的认识，不由得想写一本介绍八卦掌的书，把我的心得体会和习武经验写出来贡献给大家，也是为了完成程有信先生和骆兴武老师的夙愿。1998 年，《八卦掌》一书由北京体育大学出版社出版发行。为了表达对出版社的谢意，感谢武术界朋友们的支持，我举行了一个盛大的答谢会。与会者近百人，有张山、赵双进、刘学勃、冯志强、李秉慈、门惠丰、阚桂香、昌沧等，那时我还是第一次邀请《中华武术》杂志社退休老主编昌沧参加活动。会后他对我说："咱们相交恨晚呀！"

1997 年，我还应中央电视台邀请录制了教学节目《八卦掌》，在中央电视台国际频道向海内外播出。1998 年，由北京体育大学出版社录制发行 VCD《八卦掌》《八卦剑》《八卦子午鸳鸯钺》和《形意拳》。1999 年，我又受中央电视台《闻鸡起舞》节目邀请录制节目，在《闻鸡起舞》栏目播放数月。

中国武术素以历史悠久、内容丰富、流派众多而著称。据 1986 年业已结束的全国武术挖掘整理工作调查统计：在我国源流有序、拳理明晰、风格独特、自成体系的拳种有 129 个。为了使这些古老拳种重放异彩，更好地为全民健身服务，为武术走向世界创造条件，国家体委武术运动管理中心、武术研究院从 1995 年开始，对一些流传广泛、影响较大的拳种进行了系统的研究和整理，并在此基础上创编了系列规定套路。首批列入的拳种包括：形意拳、八卦掌、南拳、少林拳、太极拳、劈挂掌、八极拳、通臂拳、螳螂拳等。

《八卦掌》编写组由中国武术运动管理中心、武术研究院张山副院长领导，委托我挑头组成编写组，经过多次研究讨论，最后经过审定，终于在1998年整理成八卦掌初级、中级、高级套路，以及八卦刀、八卦子午鸳鸯钺套路。整理编写组成员如下：顾问，李杰、蔡龙云、何福生。主编，张山。我任第一副主编，副主编还有孙志君、朱宝珍、王玉龙、周金彪。编委，（按姓氏笔画为序）门惠丰、王修庭、史建华、刘玉萍、刘春玲、任寿然、张沪、张万强、张玉萍、周金彪、洪涛、赵凤勇、徐向东、莫贤禹、贾树森、夏柏华、董俊雄、韩燕武、韩燕鸣、藤木博和。

在这期间，在北京武术院院长吴彬领导下，由北京武协副主任刘学勃先生带领，每周研究一次工作，历时半年时间编写了《燕都当代武林录》，我担任主审。

## 2002年的四大收获

2002年是我最高兴、最光荣、最骄傲、最忙碌的一年。这一年我有四大收获：一是我被评为武术八段，二是我给恩师骆兴武迁坟立碑，三是遵恩师单香陵先生的遗愿完成《六合螳螂拳》的出版发行，四是走出国门传授八卦掌。

### 收获一：被评为武术八段

2002年，经中国武术协会考评批准，我被授予武术八段称号（证书编号：0201800003）。国家体育总局网上发表的北京八段名单中有王培生、冯志强、刘兴汉、刘学勃、刘敬儒、孙志君、孙剑云、陈家珍、李士信、李秉慈、袁敬泉。我在北京武术界中排在前10名，实在感到光荣和骄傲。现在北京的武术八段人数早已超过八十余人了。

### 收获二：为恩师骆兴武迁坟立碑

2002年清明前夕，为尽孝心，我和弟子们共同集资与恩师的家属们一起把骆先生夫妇的骨灰从河北省高碑店迁回北京，安葬在北京外侨公墓。参加仪式的有吴彬夫妇、赵双进、张山、冯志强、李秉慈、门惠峰、刘学勃等200余人。

骆先生的碑文如下：

骆兴武（1891—1969），号德文，汉族，河北束鹿县人。拜八卦掌三代传人李文彪习八卦掌，河北派形意三代传人郝恩光习形意拳，深得八卦掌、形意拳精髓。东北讲武堂八期毕业任国术教官。曾作张作霖府武术教官和吴俊升府武术教官兼管家。1930年获东北三省国术比赛第一名，世称“龙虎拳师”“德艺双全骆兴武”，深得武术界赞誉。1949年在北京建立兴武国术社，1962年起任北京市武协形意八卦组组长，为推广形意拳、八卦掌做出毕生贡献。

为恩师迁坟立碑，是2002年北京武术界的一件大事，受到武术界的称赞，也是我从武一生中最光彩的事情，能为恩师尽尽孝心，我感到骄傲、幸福和自豪。

恩师骆兴武先生是在“文革”期间去世的，只得草草地安葬在大女儿骆燕娟的居住地河北高碑店，是在马路边的一块绿地上。没料到，马路要扩展，坟地必须迁移，于是我跟恩师三女儿骆燕茹筹措，把骨灰迁回北京，安置在了外侨公墓，我的弟子赵奎喜贡献了很大的力量。我和恩师的子女把骨灰从土中用手一块块拣出来，这是我们的孝心啊！恩师的声望很好，有许多武术家前来参加仪式，我师兄李秉慈感慨地说：“师弟真不错，给单老师出了书，这事我办不到，又给骆老师立碑，我真比不了你！”李秉慈师兄为什么说“给单老师出了书，这事我办不到”，事情的原委是这样的：我跟马汉清师兄、李秉慈师兄同时学习六合螳螂拳，由于种种原因，李秉慈师兄连一个套路也没有学完，更何况出书！所以为单香陵恩师出书的担子就只能落在我的肩上。

### 收获三：出版《六合螳螂拳》

六合螳螂拳传世以来，从未出过一部专著。台湾的张祥三师伯在台湾出过一本薄薄的《六合螳螂拳》，内容只是众多套路中的一个套路，名“镜里藏花”。为了发扬推广这一优秀的拳种，使之不失传，也为了完成恩师单香陵先生的遗愿，我花费了二十余年的心血和精力搜集一切有关资料，克服重重困难才得以著成《六合螳螂拳》一书（2003年由人民体育出版社出版发行）。迄今为止，这是国内外唯一的一本有关六合螳螂拳的著作，此书受到广大武术爱好者的欢迎，同时受到台湾武术界的重视。2004年，台湾大展出版社有限公司又从人民体育出版社购得该书版权，并在台湾出版发行。能为六合螳螂拳发扬光大做点贡献，我感到无比欣慰和骄傲。

人民体育出版社与俏佳人音像出版社合作录制了我的八卦掌系列DVD，后又出版了中英文对照版向全世界发行，广受大家的欢迎。

我的文笔不好，中学时作文常得“中”，所以，我的书都是一遍又一遍改出来的。为了写好一篇文章，我经常废寝忘食，做梦都在琢磨，一旦想到某个词、某件事，马上起床灯下动笔，老伴见此情景后说我“神经不正常”，有时看到我锲而不舍地写，又说“令人佩服！”我的所有书都是呕心沥血之作，能取得上述成绩，是我深感光荣和欣慰之事。

### 收获四：走出国门，传授八卦掌

改革开放后，功夫片兴起，每当晚上播放《霍元甲》时，电视机前坐满了人，都如醉如痴地看着，特别是中国影片《少林寺》在国内外放映后，掀起了势不可当的武术热潮，少林武馆如雨后春笋般在全国纷纷建立。一批又一批专业武术运动员退役后纷纷走向世界，世界人民无不知“功夫”，仿佛“功夫”二字成了中国的代名词。1980年后，许多国际友人来中国学习武术。国家首先推广的是杨、吴、孙、陈四式太极拳，一下子陈家沟成为太极拳圣地。

随着武术在世界各地的发展，外国人发现中国还有更多更好的拳术呀！形意拳、八卦掌、八极拳、戳脚翻子拳、通臂拳、螳螂拳……于是，我有了机会走出国门。

2002年，友人郑荣焕邀请我去法国教拳。次年，其师兄又邀请我去美国芝加哥教拳。回国后，我又收了徒弟希腊籍华人邓东荣，他因对我无限崇敬和崇拜，先后四次邀请我去希腊教拳。随后，我又受徒弟昂立克之邀三次赴意大利。1994年，经北京队队员李霞的推荐，日本人谷川大先生前来北京向我学习八卦掌和六合螳螂拳，又邀请我去日本教拳，也有五次之多。我还去过澳大利亚，我教过武术的学生不计其数。

赵双进先生、张山先生是国家体委武术处原处长，国家武术管理中心成立后，赵双进先生是武术研究院秘书长，张山先生是武术研究院副院长。我们早认识，但没求他们办过什么，他们退休后，我们却成了好朋友，故有昌沧先生“相交恨晚”之说。我是一个不善交往的人，我深以为憾。我的出国授拳都不是公派，是我个人努力的结果，这一点我却一直感到骄傲和欣慰。

现在，我的国外学生都功成名就了，正为中国传统武术的传播和发展贡献着自己的力量。对此，我感到光荣与自豪。我的收获和认识很多，简单归纳如下。

## 海外授拳的见闻与感受

在法国游历了巴黎和马赛。巴黎是法国的首都，是世界上最繁华的大城市。马赛面临地中海，是个风景美丽宜人的地方。巴黎的凯旋门和辉煌的大广场都给我留下了深刻的印象。在法国到处都能感受到一种时尚和浪漫，而美国给我留下的印象却是“大”，地方大，马路宽，黑人多，普遍个头高大。在法国吃法式西餐，喝葡萄酒，在美国吃牛排和麦当劳。

希腊是个古老的国家，希腊人都以数千年的文明史而自豪，但人们思想保守，有的人能收点房租就不去工作了，自足自乐。雅典建立在地中海海岸的山坡上，以大理石建筑为主，从高处或海上看去到处都是白色，显得典雅和光亮。希腊的橄榄油质地最好。在希腊吃烤羊排，别有风味，真是一种美好的享受。

意大利也是有着数千年历史的国家，足球水平很高，每场足球赛都是座无虚席。教堂很多，凡是楼顶尖尖的建筑准是教堂，庄严而肃穆，罗马教皇的教堂更是宏伟，金碧辉煌，异常神圣。在意大利喝葡萄酒很便宜，讲究吃意大利面和比萨。其实，有人认为这两种美食是中国面条和烙饼的改造。威尼斯是水上城市，是个令人留恋的休闲好去处，威尼斯小船别具风格。

在澳大利亚，凡有人群的地方就能碰到华人，能够说说话，不会感到陌生。澳大利亚是生物的天堂，任何花草在墨尔本的土地上一插就能活，有时能在马路边的大树上看到五颜六色的大鹦鹉。澳大利亚大龙虾个大肉厚、味美价廉，令人大饱口福！

到了日本，仿佛到了中国。除了新建的豪华区外，都仍是古老的店铺和街道。街道很狭窄，但秩序井然，可以在人行道上骑车。人是黄皮肤，文字中尽是中国字，虽不会念，但能琢磨出意思来。最令人不适应的是日本料理，都是一小盘，一点点，虽然都是健康食品，都是美味，但不够吃的，不过瘾！在日本来学武术的多是妇女和年轻人，男子大都去上班。所以，每个地铁出入口都是匆匆忙忙、来来往往的人群，处处显示出生活的快节奏和国家的发达与先进。

外国人对武术很崇拜因而学武术很刻苦，不怕出汗，不怕累。我教的东西更是货真价实，正宗真传。为了使学员们动作到位，姿势准确，我都是不厌其烦地讲解，反复示范，不一会儿，已经通身是汗了，我练得比学员们还多。所以学员们进步很快，都非常感动，高兴地说："不像过去那些骗子们！""谢谢老师啦！"我不仅教动作，还要教用法，经常有学生借问手法的时候向我突然袭击，有时候也会有高手不服气向我挑战。此时，也只好出手，既要胜他又不能伤他。这就是"艺高人胆大"，这就是"机会总是留给有准备的人"！否则，如被学员打倒，如何收场？只能"打道回府"了。要让学生信服，还要主动去找身强力壮有功夫的人去打，打得他们心服口服，甘拜下风，让他们知道什么是功夫，什么是中国的真功夫！

## 海外授拳的成绩与收获

经过我坦诚、认真、无私、不辞辛苦的传授，又经他们数年的学习和锻炼，许多学生都有了长足的进步。有的人在国内或国际武术比赛中取得了金牌；有的人成了著名的武术教练；有的人著书立说，都成了世界知名的武术家。

美国徒弟 Frank Allen 和张春娜，多次带武术团来中国学习，八卦掌和形意拳都很有功夫。他们在美国纽约设馆授徒，传授我的技艺，用英文著有《走转八卦掌》，学生众多，成绩卓著。

刘玉，祖籍江苏扬州，曾是江苏武术队的老队员，功夫纯厚，已在美国设馆授拳二十余年，教学严谨认真，是有名气的武术家，影响很大，曾多次回国向我学习八卦掌。

钱迈，澳大利亚人，为人正直，待人诚恳，练功刻苦，功夫深厚，在堪培拉教拳授徒，多次来北京学习八卦掌、六合螳螂拳。

昂立克·利维亚夫妇，功夫纯厚，是意大利著名的武术家，现任意大利武术协会常委，在意大利家乡都灵设馆传艺。他们多次来北京向我学习八卦掌，多次邀请我去意大利教拳，并先后两次用意大利文出版著作《八卦掌》，为八卦掌在意大利的传播立下了汗马功劳。

叶荷玛，法国人，曾是郑荣焕的徒弟，也是我的徒弟。他的八卦掌练得很好，

与意大利弟子昂立克和利维亚等合影

与法国弟子叶荷玛合影

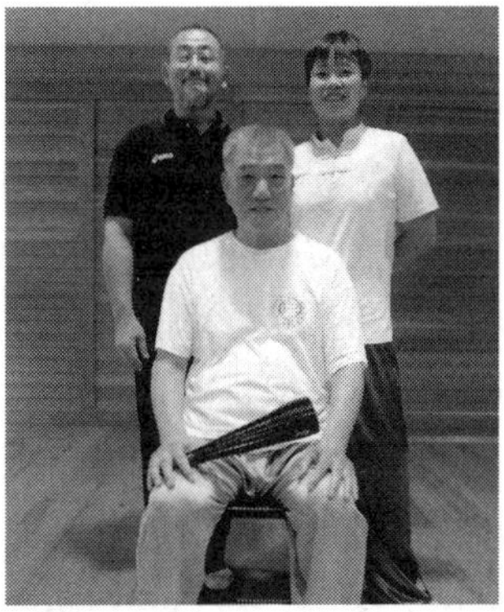

与弟子陆瑶（右）、古川大合影

弟子胡耀武美国收徒仪式

前田庆一郎（左）、弘泽庆美

在2006年中国郑州国际武术的比赛中荣获男子成人组八卦掌、八卦子午鸳鸯钺两枚金牌。叶荷玛著有法语版《刘敬儒八卦掌》一书。

邓东荣，希腊籍华人，希腊著名武术家，希腊武术协会顾问，性情中人，尊师重道，为人厚道仗义。他的洪拳、咏春拳既正宗又有功夫，又跟王西安学习陈式太极拳。他曾多次回国跟随我学习八卦掌，多次邀请我去希腊教拳。2006年在郑州举办的国际武术比赛上，邓东荣及其弟子共获得八枚金银牌，著有希腊语的《八卦掌六十四手》，为八卦掌的发扬光大做出了巨大贡献。

古川大，日本著名武术家，功夫纯正，待人诚恳，工作认真。曾随门惠丰先生学习戳脚翻子拳、太极拳；多次来北京向我学习八卦掌和六合螳螂拳，多次邀请我去日本教拳。他还多次担任日本太极拳联盟选手强化委员会的委员长，为日本的武术发展及中国武术传播到日本做出了巨大贡献。

陆瑶，日籍华人。她的形意拳、陈式太极拳功夫很深，在日本国家武术比赛中多次获得金牌。她在东京传授形意拳、太极拳，现在正深研八卦掌，假以时日定能大成。

刘志、前田庆一郎、弘泽庆美，都是我的得意弟子，在日本都已经是著名武术家了。

胡耀武，著名武术家，喜爱武术，深研拳技，功夫深厚，为人仗义，尊师重道；八十年代初跟随我学习八卦掌、形意拳、六合螳螂拳，多次邀我去湖北沙市传授武术；现定居美国洛杉矶，练功不辍，今后定能为八卦掌、形意拳、六合螳螂拳发扬光大贡献力量。他目前是美国形意拳八卦掌研究会会长，门徒众多。

我出国教拳不是一年或半年，只是一个月或两个月，在北京的空闲时间就可以接待走进国门的求艺学生了，有时只有一人，有时两三人，有时是一个团……美国、英国、法国、荷兰、西班牙、日本、韩国、新加坡……求学者不计其数。我就像一台辛勤的播种机，向世界各地播撒八卦掌的种子，再助其开花结果。北京陶然亭公园洒然轩茶馆外成了我传播中华传统武术的阵地。我可以自豪地说："我是向世界传授八卦掌的主要人之一。为八卦掌的发扬光大贡献力量，这是我的光荣和骄傲！"

## 难忘的收徒仪式

2009年12月，我举行了一个收徒仪式，收浙江宁波仇富军为徒。我不喜炫耀，本想简单办一下，但仇富军坚持说："老师过去收徒太低调，这次咱们就光彩一下。"地点定在北京国际饭店。

前来祝贺的嘉宾有：北京市武术协会特别顾问吴彬，中国武术协会原副主席、中国武术研究院原副院长张山，国家体委武术研究院原理论研究部主任、中国武术协会原副秘书长、国家武术管理中心原副主任夏柏华，北京体育大学武术教授、东岳太极拳创始人门惠丰及夫人阚桂香，《中华武术》原主编昌沧，吴式太极拳名家

前排：刘敬儒与夫人
后排左起：欧阳楚风、仇富军、刘皓鹏

冯志强先生讲话

李秉慈先生讲话

门惠丰先生讲话

张山先生讲话

吴彬先生讲话

夏柏华先生讲话

李秉慈，陈式太极拳名家冯志强，孙式太极拳名家孙婉容，北京市武协形意拳研究会原会长唐振荣，中国人民公安大学教授、梁派八卦掌名家赵大元，尹氏八卦掌名家王尚智，北京市武协副主席、八极拳名家王世泉，北京武术院副院长张有峰，以及王正庭、王世详等。

吴彬、夏柏华、门惠峰、张山、李秉慈、冯志强等武术名家分别发表讲话，对我的武功、武德，以及我对传统武术的贡献给予赞扬，令我汗颜不已。仪式严肃隆重，宴会欢畅热烈，可谓盛况空前。

吴彬、夏柏华、门惠峰、张山都是北京体育学院武术系毕业，都属牛，都是武术九段，都是中国武术界的领军人物，人称“四头牛”，他们同时光临，令我无比荣幸。

左起：张山、门惠丰、昌沧、刘敬儒、夏柏华、吴彬

## 2015 年的四件大事

2015 年，也是我非常高兴的一年。这一年也有四件大事：一是我接受中国武术管理中心的安排担任在广州举办的传统武术教练员培训班的八卦掌教练；二是我被中国武术协会授予中国武术段位九段；三是被北京市文化局授予“北京市级非物质文化遗产项目八卦掌代表性传承人”称号；四是我迎来了八十岁寿辰，这一天，武术界的许多领导、老友，以及从世界各地赶来的弟子们欢聚一堂，为我庆寿。

### 为国家武术传统项目人才库传授八卦掌

2015 年 3 月，我突然接到北京市武术运动管理中心副主任张有峰先生的电话，他通知我，国家体育总局武术运动管理中心和国际武术联合会（简称国际武联）指令我担任 2015 年在广州举办的世界传统武术教练员培训班的八卦掌教练。于是，3 月 23 日，我与弟子韩燕武、张峻峰飞往广州，去完成这一个光荣而艰巨的任务。

国际武联决定，自 2015 年起，世界武术锦标赛增加四项传统项目：男子形意拳、春秋大刀，女子八卦掌、双剑。为了更好地推广传统武术，提高和规范武术传统项目的教学水平，为今后武术对外推广建立传统项目人才库打下良好的基础，国家体育总局武术管理中心和国际武联决定于 2015 年 3 月 24 日至 31 日，在广州举办传统武术世界各国教练员培训班。

教练员培训班的学员必须是男子 60 周岁、女子 50 周岁以下者，曾参加过全国赛事，在单位从事武术训练和教学五年以上的业务骨干；由各省、自治区、直辖市武术中心推荐，限报一人。这次培训，是国家体育总局武术运动管理中心和国际武联的一次重大活动，它直接影响着 2015 年开始的国家武术锦标赛中的形意拳、春秋大刀、八卦掌、双剑的技术水平和今后传统武术的推广与发展。因此，国家体育总局武术运动管理中心特别任命我担任此次培训班的八卦掌教练，这是对我的信任和重视，于我而言，是一次繁重而光荣的任务。

那年我 80 岁，要在连续两个上下午的四个课时内教完全部套路。所以，王玉龙副主任、李小杰处长特准我带弟子韩燕武、张峻峰为助手，同时请河北省武术管理

**前排左起：章璐璐、韩艳丽、刘敬儒、陈建云、范燕美；后排左起：韩燕武、张峻峰**

中心主任韩艳丽、南京工业大学武术副教授章潞潞为助教，一起完成此项任务。

于是，我就利用25~27号三天没有课的空闲时间，来培训我的助手和助教。此次培训班的双剑教练是北京体育大学武术副教授陈建云、上海体育学院武术副教授范燕美，二人非要跟我学习八卦掌。就这样，此次培训班中仅有的四位女教练都成了我的助手。

这样一来，人们不时地会看到，培训馆外的场地上，有四位女教授跟我不辞辛苦、孜孜不倦地学练八卦掌，都是满头大汗，忘记了时间和休息；授课的来往途上，也会看到四位女教授簇拥在我周围，一句一个"师父"地叫我，不停地提问题，不时发出阵阵笑声，招引来无数惊羡的目光；就餐时，四位女教授更是坐在我的左右，有的给我盛菜，有的给我取酸奶，有的给我沏茶，有的给我拿来水果……关心备至。她们把我当成了老小孩儿了，此时此刻，我快乐无比，仿佛也真的成了"老顽童"。这一幕幕，都成了此次培训班的最大亮点，成了一道道快乐的风景线。

由于我备课认真，做好了充分准备，加之王玉龙主任和李小杰处长又亲临指导，我们八卦掌的培训工作获得了巨大的成功。学员对八卦掌的风格特色、动作要点以及演练技巧和技术内涵，都基本掌握，为2015年国际武术锦标赛提高参赛选手的技术水平打下了一个好基础。可以说，我们很好地完成了此次光荣的培训任务。

我本人更是受到所有学员、在场观看的武术家以及领导们的极力赞扬，他们众口一词：刘敬儒丝毫不像八十岁的人！我自己也觉得，我还"廉颇未老"！我为自己这一次的良好表现感到无比快乐、光荣和自豪。

### 荣获武术九段

2015年12月2日，国家体育总局武术运动管理中心批准我成为中国武术最高段九段（证书编号：150000004），这个喜讯极大地鼓舞了我，督促我、鞭策我要更辛勤地为八卦掌的传承及发扬贡献自己的一切力量。

我是2002年被评为八段的，当时全国只有张文广、蔡龙云、何福生、马贤达、吴彬等几人是九段。全国评为八段的不超过30人，而北京占了11席，他们是王培生、冯志强、刘兴汉、刘学勃、刘敬儒、孙志君、孙剑云、陈家珍、李士信、李秉慈、袁敬泉。当时国家武术院副院长张山表示，十年后，段位获得者都可上升一级，所以等了十年；但这个规定随着张山的退休而取消。于是，2013年我才正式申报"九段"，经过全国武术协会的批准，终于在2015年12月2日成为中国武术最高段位九段。

这时全国武术九段已有60人（这是自开始评武术段位以来的总数），因原有的九段中，已故去不少武术家，如张文广、冯志强、马贤达、何福生、郭瑞祥等，我成为五十分之一。这50余人几乎都是大专院校的教授或专业教练，民间武术家不超过7人。再看看北京的段位名额，八段的已有80人，九段的只有4人，其中冯志强

已故，吴彬是专业武术教练，李德印是大专院校教授，只有我一个是民间武术家，想到这，令我深深感到幸运、光荣和骄傲。

### 国家级非物质文化遗产八卦掌代表性传承人

2015年9月，我被北京市文化局授予“北京市级非物质文化遗产项目八卦掌代表性传承人”称号。2017年12月29日，文化部办公厅发布了《关于公示第五批国家级非物质文化遗产代表性项目代表性传承人推荐名单》的公示公告。我荣幸地被文化和旅游部授予“国家级非物质文化遗产八卦掌代表性传承人”称号。

### 快乐的八十寿辰

我要在八十寿辰时给嘉宾赠送我出版的书籍，于是交给弟子刘心莲一个任务，刻一枚印章“刘敬儒八十寿辰敬赠”，用在所赠书籍上。任务交代下去了，刘心莲带回来两枚印章：一枚是我要的内容，另一枚印章是她请著名篆刻家张翀先生篆刻的八卦掌十六字攻防心要“以掌为法、以走为用、斜出正入，阴阳互易”。我们把这两方印盖在了所赠书籍的扉页上，以表达我穷尽一生精力，捍卫和追寻中华武术精髓的崇敬心情，以及对各位武术先辈、武林同仁的敬意和谢意。

**主持：孟凡贵；嘉宾：张耀庭、李杰、门惠丰、夏柏华、昌沧、陈勋奇、王世泉等**

2015年10月10日，成了我最快乐的日子，因为这一天，国内外近400位亲朋好友及弟子，为我举办了欢乐、热烈、祥和的八十寿宴，大家向我祝寿，令我沉浸在了无限幸福中。出席寿宴的主要嘉宾有：国家武术院第二任院长张耀庭先生，国家武术院第三任院长李杰先生，著名武术家、东岳太极拳创始人门惠丰先生及夫人阚桂香教授，著名武术家夏柏华先生，著名中国式摔跤王、83岁的王文勇先生和李宝如先生，还有山东的张道锦先生、四川的肖家泽先生、江苏的张凯先生、广西的冯维华先生，以及河北的任文柱先生等。

专程乘飞机赶来的美国代表团，古川大带领的日本代表团，以及西班牙、希腊、意大利等国的武术家们，他们在寿宴上为我集体唱寿星生日歌，全场呼应，歌声响彻宴会大厅。

我的徒弟胡耀武携女儿胡君侠从美国专程赶来祝寿，仇富军夫妇从宁波赶来祝寿，江西弟子组团赶来，内蒙古代表团为我唱歌献哈达，湖北、广东、广西、山东、河北、辽宁等地的弟子也赶来祝寿。特别感谢北京八卦掌研究会、形意拳研究会、炮锤研究会等众多的武术家前来祝寿。

电影《一代宗师》剧组陈勋奇导演、尚铁龙先生、王世泉先生等也来祝寿。北京体育大学的教授们送来了鲜艳夺目的大花篮。

贵州开会的吴彬先生打来热情洋溢的电话，他说："祝贺刘敬儒大师八十大寿：生日快乐，福如东海，寿比南山！刘敬儒为国家在继承和发扬我国武术、八卦掌事业做出了巨大贡献，本人表示衷心祝贺和钦佩！"

嘉宾：常学纲（左）、“跤王”李宝如（中）、“跤王”王文勇（右）

宴会由著名相声演员、笑星孟凡贵主持，孟凡贵练过形意拳，他的师父贾进才是唐凤亭的徒弟，唐凤亭与我师父是拜把兄弟。按照辈分，孟凡贵是我的师侄。孟凡贵是一位重情重义的男子汉，他说：“我师叔的八十大寿，必须由我来主持。”

仪式在孟凡贵的热情主持下，张耀庭先生以及九十多岁高龄的老朋友昌沧上台祝贺讲话，嘉宾们纷纷上台赠送笔墨书法，弟子们、朋友们做了很多精彩的表演，武术家王世泉先生的弟子打了一套八极拳，北京体育大学宗维杰老师表演的形意拳获得阵阵喝彩，我的弟子韩燕武表演了八卦掌。大家纷纷抢着向寿星祝酒合影留念。

寿星醉矣，寿星之醉不在酒，在于感动、激动、快乐、幸福……，陶陶然也！

## 编写“刘敬儒内家拳丛书”

2017年1月7日，我召集弟子们开会，正式成立“刘敬儒内家拳丛书”筹备小组。我任筹备组组长，组员有赵奎喜、任寿然、孙汝贤、韩燕武、邢殿和、刘心莲、代海强、向波等。2017年3月5日，正式启动相关资料梳理工作。

从2017年8月18日起，我们多次到固安，带领弟子们进入紧张的拍摄工作。我们犹如一家人，相聚于此，热闹非凡。10月21日，适逢大雾弥漫，我们一行走到高速路上才发现高速封路，大家克服重重困难，终于到达目的地，立即开始拍摄工作。由于路上受大雾影响，耽误了进度，大家一致同意临时住在固安武术学校的学生宿舍里，连夜工作。

拍摄环境虽然艰苦，但大家团结一致，终于如期完成任务。这里特别感谢为这

商议“刘敬儒内家拳丛书”拍摄方案

“刘敬儒内家拳丛书”筹备小组部分成员合影

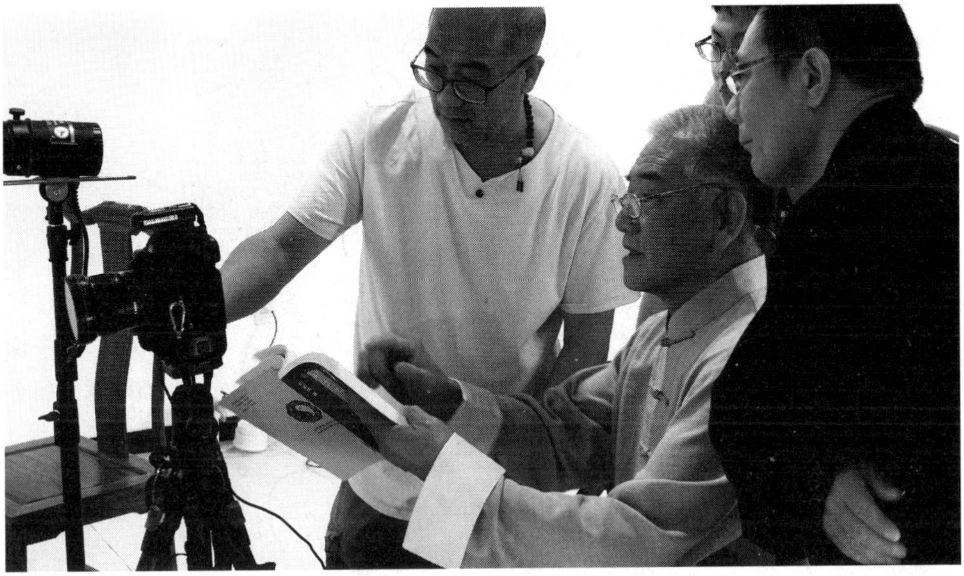

现场商讨，推敲细节，精益求精

套丛书提供场地的刘玉强先生，以及后期制作的孙振虎、代海强、蒋天祥等。大弟子赵奎喜每次活动都积极参加，协助统筹协调所有事务，获得大家一致赞扬。本人是全力以赴忘我工作，每次拍照时都是分秒不离，既担任导演，又要参与拍照，工作十分辛苦，深感身心疲惫。但一想到自己是非物质文化遗产传承人，又精神倍增，不遗余力地坚持到底。

在这套丛书即将出版之际，赵双进先生、昌沧先生、李杰先生、吴彬先生作序，张耀庭先生、门惠丰和阚桂香夫妇特别书写贺词，表示祝贺。

## 鹏城授艺

2015 年 3 月，我在国际教练员培训班授课时见到了师侄童红云。童红云是深圳市专业武术队的教练，她邀请我去深圳（别称“鹏城”）给她的队员们传授八卦游身连环掌。我爽快地接受了她的邀请。

2016 年 10 月，我抵达深圳，应邀在深圳市太极拳研究会做八卦掌讲座，并教授该会领导骨干们八卦掌，下午去武术队传授八卦游身连环掌。队员们很聪明，基本功扎实，学得很快，成绩卓越。此行受到了大家的热烈欢迎和一致好评。

2017 年 5 月，我又来到深圳，太极拳研究会组织该会教练员和裁判员培训班的三百余人学习定式八掌。上大课使大家初步掌握了八卦掌的要领，对八卦掌有了一定的兴趣和认识。

2018 年在深圳隆重举行收徒仪式

2018 年北京收徒仪式

韩宝轩、陈丽娜、柯忠林、杜红征、黄威恳、邹伟然、高韦拜师仪式

2017 年 8 月 25 日，深圳市的陈丽娜、柯忠林、杜红征、黄威恳、邹伟然、高韦等人来北京拜师学艺，并举办了隆重的拜师仪式。在拜师会上，国家武术管理中心原主任张耀庭、李杰都做了热情洋溢的讲话，祝贺我再收高徒！

同年 9 月下旬，我又应邀去了深圳，除向深圳弟子传授八大掌、游身八卦掌外，更应深圳市武术协会李慈成会长之邀，为该会教练员培训班发结业证书，并做八卦掌讲座。在讲座中，时常爆发出雷鸣般的掌声，经久不息。

2017 年 11 月 25 日、26 日，深圳市武术协会举办了“深圳市第十九届传统武术精英赛”。在开幕式上，我担任嘉宾，做了热情洋溢的讲话，衷心祝愿大会圆满成功，衷心祝愿精英们赛出水平，取得优异的成绩。开幕式上表演了精彩的龙舞和八卦掌，八卦掌是李慈成会长亲自指挥和排演的。整个宝安体育馆的场地铺了一幅巨大的八卦图，120 名运动员走着八卦蹚泥步，围着八卦图表演八大定式掌。当我进入场地中心表演时，全场掌声雷动。整个表演真可谓气势恢宏，精彩纷呈，盛况空前，令全场观众震撼，获得巨大成功。

2018 年 4 月 20 日，在深圳市武术协会李慈成、陈美萍组织下，成立了“深圳市八卦掌专业委员会”。我的弟子邹伟然任会长，弟子徐百军任常务副会长，邀请我担任荣誉会长。4 月 22 日，我又举行了收徒仪式，仪式既严肃又隆重，共收李慈成、陈美萍、尚志刚、郭小平、刘让斌、雷光、胡乃夫、石雄飞、李伟慧、邓桂珍、彭佳、李吉罡等 28 名高徒。他们都是我的得意弟子，令我无比高兴和欣慰。我想今后在他们的努力传播和带动下，必将掀起学习八卦掌的热潮，使八卦掌这一光辉的非物质文化遗产得以继承和发扬光大。

2018 年 11 月 5 日，我又应深圳市武术协会邀请，担任深圳市武术协会成立十周年传统武术精英大赛的大会嘉宾，代表嘉宾致辞，并表演了八卦游身连环掌，受到大家的热烈欢迎，观众报以雷鸣般的掌声。

## 我的弟子们

我从 20 世纪 80 年代初开始授艺，学生不计其数。1982 年，选出 18 人举行了拜师仪式，他们号称“18 棵青松”。

弟子中能坚持到今日，经常有联系的且有所成就者不乏其人，仅记如下数人，作为代表。

**赵奎喜**，热爱武术，为人正直仗义，尊师重友，厚道谦恭，有责任心，有长兄风范，20 世纪 80 年代初就开始跟随我习武，练功刻苦。虽因在建设兵团时的腰椎伤复发而影响了练功，但他一直倾尽心力为弘扬中华武术活动奔波，是我的弟子中最令人信服的大师兄。

**孙汝贤**，武术七段，著名武术家，曾随刘清泉先生学习少林拳、形意拳；20 世

1982 年拜师学艺的“18 棵青松”

纪 80 年代随我学习形意拳，精研多家拳技拳理，每日练功不辍，功夫深厚；擅长形意拳、通臂拳、苗刀、鞭杆等，多次出国授拳。

**韩燕武**，武术七段，著名武术家；历任北京市八卦掌研究会常务副会长。20 世纪 70 年代随我习武，练功刻苦，精研拳技，尊师重道，功夫深厚。他多次在北京市传统武术比赛中获八卦掌、六合螳螂拳金牌。1999 年获得渔阳杯六合螳螂拳金牌；2001 年在“舒艺园”杯全国八卦掌邀请赛上获得八卦掌、双器械两项金牌；2013 年在台湾第一届国际传统武术大赛上获得八卦掌、形意拳两项金牌；2014 年 8 月在天津举办的第一届全国武术运动大会上获得八卦掌金牌。

在香港著名导演王家卫的电影《一代宗师》中，韩燕武应邀担任八卦掌武术指导，为王庆祥、梁朝伟、章子怡、赵本山等演员设计武打动作，并亲授章子怡八卦掌。该影片一经上映得到了广泛好评，其中的八卦掌功夫更是让广大观众为之着迷，这里有韩燕武的辛勤汗水和心血。作为师父，我由衷地感到欣慰和骄傲。

作为武术教练的韩燕武还经常参加“名师进校园”活动，为首都体育学院、大连理工大学等大学院校的武术爱好者们教授八卦掌、形意拳。韩燕武在世界各地的门徒众多，成绩显著，他正在为传播中华传统武术辛勤耕耘着。

2017 年 11 月，在四川峨眉山举办第七届世界传统武术锦标赛，57 个国家及地区，300 多支代表队、3800 多名运动员参加角逐，峨眉论剑，堪称“武术界的奥运会”。大会特邀请武术名家举办讲座和教学活动，国际武联和中国武术管理中心特邀请陈正雷、张希贵和我为太极拳、形意拳、八卦掌三大内家拳种的教练。我因事未能前往，

韩燕武与《一代宗师》电影主创人员合影

由我弟子韩燕武代为授课，受到国内外运动员的赞扬和欢迎，获得巨大成功。国际武联特发荣誉证书，予以表彰。

**韩燕鸣**，著名武术家，与韩燕武为孪生兄弟，曾任北京市形意拳研究会常务副会长。80 年代随我习武。1983 年，他在江西南昌举办的第四届全国武术观摩交流大会上，与胞兄韩燕武的“八卦掌对打”获得巨大成功。他在电影《一代宗师》的武术设计中也做出了贡献。

**贾永安**，武术七段，著名武术家，历任北京市形意拳研究会常务副会长，现任兴武武术社社长。80 年代随我学习形意拳、八卦掌。他练功刻苦，精研拳技拳理，功夫深厚。擅长形意拳、太极拳推手。为人正直诚恳。他继承了骆兴武先生的兴武国术社（现名称为“兴武武术社”），为发展武术社、传播弘扬中华传统武术贡献巨大。2016 年 5 月 7 日是兴武国术社复社十周年纪念日，贾永安社长举办了盛大、隆重的庆祝宴会，李杰先生、吴彬先生等近二百人参加。

这次大会令我最难忘的有两件事。

一是我见到了多年不见的两位师弟——李克仁先生和付伟忠先生。付伟忠先生全面继承了原佛教协会会长巨赞法师的峨眉十二桩，已是世界著名的气功大师了，现定居美国，难得一见。这次他不远万里，来参加复社庆典，令我们师兄弟得以团聚，岂不快哉，真可谓“有朋自远方来，不亦乐乎”！

兴武武术社复社十周年，众师兄弟和弟子们合影

二是见到了我的师兄徐守仁，他令其女徐艳霞当场磕头拜我为师，也是喜上加喜的一桩美谈。

**张峻峰**，武术七段，著名武术家，历任北京市武术协会理事兼竞赛部副主任；80年代随我学习八卦掌，随李秉慈先生学习吴氏太极拳，随冯志强传人学习陈氏太极拳；练功刻苦，精研拳技，功夫纯正；在太极拳比赛中曾获过金、银牌；2014年8月在天津举办的全国第一届武术运动会上获太极拳金牌。

**孔诚**，又名孔祥诚，武术七段，曾任北京市武术协会副秘书长，北京市武术协会副监事长，北京市八卦掌研究会常务副会长，著名武术家；80年代随我习武，练功刻苦，功夫深厚，为人忠厚谦和；曾多次随我去希腊、意大利教拳，并帮助我著书立说，成绩卓著。

**任寿然**，武术七段，现为北京市朝阳区武术协会负责人之一，著名武术家；80年代随我习武；又随刘庆洲学习太极拳，练功勤奋，精研拳技，多次在北京市武术比赛中获得好成绩。

**项峥**，武术七段，著名武术家，在北京市通州区享有盛名；80年代随我习武，练功勤奋刻苦，功夫深厚，尊师重道；授徒勤奋无私，不遗余力，成绩卓著。

**张沪**，号永春，90年代随我学习八卦掌，为人正派，有责任心，练功刻苦，精研拳技拳理。曾任《武魂》杂志社编辑，是八卦掌专家和理论家。现在从事道教工作，是著名道长。

**邓凯生**，80年代跟随我学习八卦掌，勤奋刻苦，有较深造诣，于1988年发起成立江西省八卦掌研究会并担任会长。现为该会顾问委员会主任，为八卦掌在江西省发扬光大做出了巨大贡献。

**于靖**，江西南昌市人。江西省八卦掌研究会秘书长，现任江西省八卦掌专业委

**刘敬儒与江西部分弟子合影**

员会会长。工作勤恳，教学认真热情，练功勤奋刻苦，功夫上已有很深造诣。对陈式太极拳也颇有研究。为八卦掌在江西的传承和发扬光大做出了突出贡献。

**徐百军**，河北遵化人。1972年开始跟张占魁先生的弟子姚馥春的传人学习形意拳，打下了很好的基础。后去深圳盐田港工作，退休后拜我为师，学习形意拳、八卦掌、六合螳螂拳。练功勤奋刻苦，肯钻研，如持之以恒勤学苦练，定能大成。

**邢殿和**，20世纪90年代跟我学习八卦掌，后因经商而中缀。2015年患严重糖尿病，经练习八卦掌而痊愈。于是，拜我为师系统学习形意拳、八卦掌、六合螳螂拳，以及八卦掌器械（刀、枪、剑、钺等）。他每天坚持练功六个多小时，无一天间断。这样的执着、勤奋、刻苦，让他的功夫突飞猛进，尤其是八卦掌、六合螳螂拳，已经有了相当的功力，如果继续坚持下去，定能大成。

**杜成中**，湖北荆州人。少年时练洪拳，中年跟随荆州著名武术家潘家运学习窄门拳，已经有了很好的功力。五十余岁拜我为师学习八卦掌，练功刻苦、执着、勤奋，肯钻研，八卦掌很有功夫。如持之以恒，不断进取，定会更上一层楼。

**徐艳霞**，沈阳人。10岁随其父、我的师兄徐守仁学练八卦掌。17岁跟随杨健侯先生再传弟子、著名太极拳家李德润先生学习太极拳和推手，打下了牢固的基础。2016年5月7日，北京兴武武术社复社十周年庆典大会上，在近二百人的嘉宾及与会人员面前，受父命磕头拜我为师，学习形意拳、八卦掌、六合螳螂拳。因执着好学，从拜师当日起，每月必两次来北京学艺。回沈阳后更是刻苦练功，无一天间断。目前已经学会形意拳、八卦掌、六合螳螂拳及刀、枪等器械，并初步领悟、掌握了三门拳术的功法要诀。这种勤奋好学、刻苦练功、努力进取的精神令我感动和欣慰。如能持之以恒地刻苦练功，必能取得更大进步和丰硕成果。

与弟子徐百军、徐艳霞、陈居松、陈居柏等合影

徐艳霞拜师仪式

与弟子邢殿和夫妇合影

弟子冯维华及再传弟子农明富

## 再传弟子

**卢鑫**，武术五段，毕业于北京大学法律系，自幼酷爱武术，曾进北京武术队预备队，长拳基本功扎实，成绩优秀，随韩燕武、韩燕鸣学习八卦掌，我代师传艺。他曾在许多武术比赛中获胜，1998 年 8 月，获北京市第十届运动会女子甲组太极拳第一名；1999 年 7 月，获北京市“渔阳杯”传统武术比赛女子混合形意拳第一名；2000 年 7 月，获北京市“金马杯”传统武术比赛女子成年组八卦掌第一名。现在是年轻武术家和律师。

**詹笑凡**，1997 年生于江西景德镇，自幼习武，2011 年初拜八卦掌传人邓凯生为师，系统学习八卦掌，痴迷武术，有时废寝忘食。成绩卓越，现已为中国武术协会会员，如能持之以恒，刻苦练功，定能大成，成为中国传统武术的接班人，为八卦掌的发扬光大做出贡献。

卢鑫

詹笑凡

# 刘敬儒先生传承谱系表

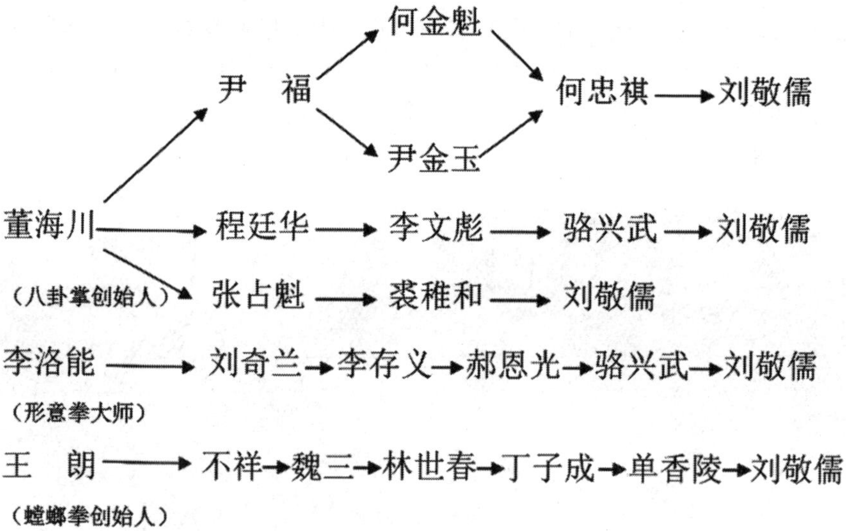
何金魁
尹　福
何忠祺
刘敬儒
尹金玉
董海川
程廷华
李文彪
骆兴武
刘敬儒
（八卦掌创始人）
张占魁
裘稚和
刘敬儒
李洛能
刘奇兰
李存义
郝恩光
骆兴武
刘敬儒
（形意拳大师）
王　朗
不祥
魏三
林世春
丁子成
单香陵
刘敬儒
（螳螂拳创始人）

## 刘敬儒弟子

赵奎喜　孙汝贤　任寿然　韩燕武　韩燕鸣　贾庆林　贾永安　项　争
卢广军　孔　诚　张　沪　张瑞田　翟孟纪　蒋天祥　王铁泰　刘　辉
孙进民　柳东江　崔宝中　张峻峰　张建党　刘心莲　索春如　邢殿和
杜成中　胡耀武　刘玉强　张　方　韩宝轩　徐艳霞　刘　玉　徐百军
仇富军　郑东荣　冯维华　代海强　向　波　孙振虎　公　晨　邓凯生
崔可夫　于　靖　武　超　杨洩农　王修庭　万家骥　龚金泉　黄生根
熊红珍　韩建明　谭国全　王　飞　方　华　黄丝良　蒋蕴华　石　勇
郝永强　何贵荣　何顺才　王顺平　陈丽娜　杜红征　柯中林　黄威恳
邹伟然　高　韦　李胜利　李慈成　陈美萍　尚志刚　郭小平　刘让斌
雷　光　胡乃夫　石雄飞　李伟慧　邓桂珍　彭　佳　马　力　李吉罡
岳玉琴　杨如音　麦小燕　袁艳冰　何　坪　李淑玲　刘友英　卢树杰
吴盛州　陈斌辉　林胜国　陈水英　罗　成　陈群业　陈群木　陈居松
陈居柏　陈映辉　海恩福　冯　舵　钱　迈　张春娜　弗兰克·艾伦
昂立克　利维亚　安德烈　叶荷玛　陆　瑶　刘　志　前田庆一郎
宋俊良　孟宪良　聂宗田　李本福　韩公元　籍国强　刘志杰　朱应德
王成军　欧华龙　靳红旺　李云风　罗　然　郭庆严　翁春云　李　军
林万里　周　强

## 刘敬儒再传弟子

**孙汝贤传：** 赵东来　强高厚　姜云涛　朱　萍

**任寿然传：** 李云峰　李云旺　郝恒志　王立柱　胡华萃　孟庆国　訾占超
李　丁　徐　一　乔均晓　马树宝　马　斌

**韩燕武传：** 杨京山　徐建民　卢　鑫　臧　伟　郭永乐　李　增　张　默
尹华刚　刘嘉诚　带你乐　魏欢欢　艾　洁　熊尚文　刘伟明
吕晋峰　周小飞　何　翔　王　晞　王　震　叶晓锋　张　晶
王　坚　张　晶　金连生　孙学军　庞　明　韩　剑　韩印泉
董　超　田涌涛　胡莹莹　李雅迪　阡　陌　李　宇　卓　岳
张　涛　胡道阳　沈鹏辉　崔顺宇　赛武韩　吉　峰　凤戴德
游　寺　金雪松　黄华锋　张　强　刘佳男　陈院生　罗镇权

梁贵宾 孙笑阳 康承建 刘子豪 王刚 郭桐 娄勇
纪宁 邢兆福 杜博梁 杨雨龙 马晓钒 陈书豪 石勇
王昆仑 汉斯 贾海鹏 邓桦 李文韬 孙杰 崔国昊
孙亚寒 王杰 孙长希 兰天 路宏涛 刘铮 孙琼阳
王西凯 高晴晴 葛维帆 孙颖霖 刘尚 何恩慧 李亚杰
蔡栓柱 王猛 徐淼 王德辉 孙辉 孔孟柯 谷立衡
高晗飞 程露 闫籽杉 邓晓龙 李赫 王童 武姣
宋佳明 杜歆淼 何晓棠 赵宇 八娜

**韩燕鸣传：** 卢鑫 吴翌 揭玉林 李海波 钟良 张默

**贾永安传：** 张玉德 褚敏 潘志刚 李国华 李青 杨威武 赵伟
张玉宝 白雪 隋立忠 赵勃 张晋 宫立新 李立增
阮国忠 梁勇 贾坤 张恩乔 范艳霞 金微 王小雨
杨剑天 杨培泉 宋涛 苏晓峰 郭山河 吕宇航 刘慧
刘欢 万干 吴豪 左松岩 谷香东 王刚 周俊武
车研铭 方敏 陈益阳 朱艺辰 张跃雷 刘晓龙 扆明娃
王涛 马晓宇 梁树本 武涛

**项　争传：** 曹颖 梁劫生 马常录 宋万清 何建山 曹福江 张宝胜
刘红 安迪 翟福旺 刘春梅 陈东升 付洪成 李洪伦
李斌 陈志江 李建 祁春生 李刚 高文 黄亚林
孟繁雄 谷景新 袁世泉 宋春燕 马玉柱 李远伟 金维君
郭崇伟 黎勇 范立明 邱立民 宋久辉 宁建国 潘梅婷
张春涛

**杜成中传：** 陈新华 陈灿 许杰周 林初兵 钱奕琛 邓嘉欣 黄安琪
王军 陈劲松 孙彪 毛小平 黄善龙 邓和平

**胡耀武传：** 官正春 陈军强 宋琨 尤攀华 李巍 陈斌 叶永强
余熙耀 何啸轩 蔡聖昌 张福原 J. Matthew Brand
曾谦明 Gabriel Armendariz Kenneth Garrett 石文娟
G. Brett Stumpp Jr. Scott Maccarone 陸偉

**刘玉强传：** 王贺新 王财 傅剑杰 赵杰 孙强 殷志远 申国枝
周涛 高金哲 徐涛 王淑慧 毕志伟 王建波 石虎彪
李颖超 王向辉 张雪 王西峰 刘国超 李磊 孙春雷
李志远 刘云 杨国策 王嘉宝 杜永军 王小刚 李枚春

| | | | | | | |
|---|---|---|---|---|---|---|
| 郑秀萍 | 陈飞扬 | 张丽婕 | 孙占岭 | 张万斌 | 解齐平 | 董　浩 |
| 郭　伟 | 陈玉芳 | 陈　雷 | 张　华 | 张　杰 | 姜国堂 | 詹姆斯 |
| 孙占青 | 贾长凡 | 邢永辉 | 秦树强 | 黄远金 | 张桂宾 | 杨　波 |
| 龙　超 | 杨海涛 | 罗捷司 | 原喜双 | 房　军 | 陈明芳 | 李春泽 |
| 马文斌 | 时景财 | 陶永福 | 林　松 | 贾万良 | 张衍龙 | 刘玉杰 |
| 朱书增 | 赵云飞 | 喻建中 | 王亚辉 | 尹　超 | 褚志财 | 樊　平 |
| 工晓楠 | 范国福 | 王学秀 | 姚永杰 | 张香妹 | 郭翕瑞 | 杜志强 |
| 金正国 | 马　福 | 党　怀 | 唐小川 | 郑　军 | 陈朝林 | 查传斌 |
| 王建亮 | 于慧泉 | 马德杰 | 张海元 | 李旭东 | 王　敏 | 彭金德 |
| 周正武 | 刘海军 | 刘敏燕 | 耿国栋 | 崔金会 | 王仕辉 | 黄九清 |
| 马　五 | 高　超 | 邓志杰 | 赵红伟 | 王景玉 | 陈仕楷 | 郑皓译 |
| 王成岩 | 邓甘江 | 杨冠中 | 宋　杰 | 刘　洋 | 陶保卫 | 王连新 |
| 薛建龙 | 方柳萍 | 于伟谦 | 张方伟 | 谢胜利 | 武宝莲 | 王　潮 |
| 李　鹏 | 王建华 | 陈自凯 | 杨全胜 | 陈文豪 | 蔡军召 | 徐永录 |
| 赵学强 | 王兴业 | 杨　涛 | 何　健 | 唐坡霖 | 杨金良 | 张灿国 |
| 吕长德 | 李卫民 | 王杏元 | 王振华 | 袁景国 | 黄　帅 | 张　旺 |
| 黄毅峰 | 石贵浩 | 高长民 | 董进忠 | 罗智韦 | 张　磊 | 马　骥 |
| 侯子臣 | 张家林 | 张玉山 | 任奎德 | 寇宝云 | 张荣英 | 杨继成 |
| 冯宝昌 | 徐俊发 | 王英峰 | 贺　楠 | 杨转运 | 张　猛 | 王延成 |
| 郑淑玺 | 张东昌 | 朱德增 | 许子臣 | 李洪涛 | 张安英 | 陈福雷 |
| 张　奥 | 王　俊 | 吴松海 | 董加政 | 梁　晨 | 宋　媛 | 杨顺太 |
| 韩玉英 | 李振中 | 陈道昌 | 韩祥德 | 张荣江 | 陈彦兵 | 魏福增 |
| 魏兴亭 | 申素青 | 张广杰 | 陈　佳 | 张　淏 | 张国强 | 李洪禄 |
| 盖桂亭 | 周更柏 | 赖兆庆 | 关中原 | 倪海明 | 杨玉亮 | 郭安敬 |
| 赵春喜 | 靳国义 | 段　锦 | 姚　乐 | 李玉英 | 孔令全 | 王永军 |
| 梁玉林 | 陈宝学 | 万世祥 | 纪新君 | 李建辉 | 高　琪 | 崔　博 |
| 陈航东 | 陈永安 | 李树林 | 徐　晴 | 王予东 | 禚滨玉 | 赵静强 |
| 张雅光 | 常栋梁 | 张海兵 | 刘永健 | 马林祥 | 侯梦彤 | 崔佳慧 |
| 蒋思佳 | 陈俊鑫 | 冯安浩 | 崔　腾 | 孙华锋 | 孙书继 | 刘佳航 |
| 汪鲲宇 | 付鹏杰 | 胡方正 | 张鑫铫 | 刘印政 | 徐思佳 | 闫海州 |
| 田振喜 | 周宇凡 | 高雪松 | 陈潇文 | 田伟利 | 王宇巍 | 曹成雨 |
| 高炜博 | 屈印通 | 崔一凡 | 王　腾 | 杨雨淙 | 宋明禹 | 姜奥雨 |
| 韩宜桐 | 殷政贤 | 周健了 | 曲凯豪 | 田嘉成 | 史博伟 | 徐恒瑞 |
| 王重超 | 陈思昂 | 宋明瑶 | 刘宇涵 | 侯鑫宇 | 郭世龙 | 刘名伟 |

高炜航　田宇森　王子垚　曹贺峰　王冠超　孙守阳　王馨杨
张周昊　丁成博　陈俊豪　范济豪　王泽举　侯欣阳　张馨月
何子聪

**韩宝轩传：** 韩　冲　吉　凯　何维经　李玉秋　刘庆涛　陈　亮　陈　光
刘云飞　吕明国　郭俊廷　林　勇　毛凤祥　毛凤武　李长顺
马世伟　张全鹏　罗万智　司汉兵　闫　峰　郭义祥　刘玉华
焦溪利　房国良　崔玉文　刘世耀　佟盛林　周　丹　代　劲
孟跃进　姜德义　李　军　徐庆涛　张峥旭　严一茗　田年洪
张凯博　邓淦戈　陈祥东　李　鑫　王大勇　齐代军　庄继明
郭　萍　高凤梅　黄　烁　徐淑华　佟光友　魏金龙　王春精
刘佳岩　韩　义　尤利民　徐兴明　丁显峰　李红才　王庆全
穆　聪　娄维奇　范富强　王孝波　白铁洪　肖忠昊　刘兴达
冯　熙　赵　勇　汤金浩　刘德谦　赵文俊　罗义海　刘长海
刘世广　李　凯　迟英军　张庆友　桓　仁　王佳臣　李建伟
王金文　张宝居　陶　林　李宝珠　艾利君

**崔宝中传：** 王永生　刘东君　侯良心　高新民　陈朋乾

**徐艳霞传：** 张同宾

**徐百军传：** 林　宽　廖卫国　骆元凯　邓彦华

**邓凯生传：** 王洪富　邓晓云　邓晓珍　詹笑凡　王　忠　刘聘昌　万思强

**于　靖传：** 段芳芽　李淑英　何华新　杨美珍　叶逸飞　廖成江　毛国骅
杨恒贤　唐云莉　唐丽娟　周　洁　蔡庆丰　徐建国　魏春喜
敖建平　周　强　刘光华　黄　卓　胡　丽　万长根　扬碧珑
陈志毅　屈程欣

**杨洩农传：** 廖信林　刘　莹　吴铁宏　刘焕文　刘　强　戴炫凯　段秀文

**方　华传：** 陈石坤　金　高　叶小民　陈圣英　李建华　陈光新　郭淑仪
缪银华　陈章毅

**郝永强传：** 刘　平　张　磊

**李慈成传：** Bill Teng

**邹伟然传：** 邹伯灵　邹恩民　丘　琼　林　静　黄燕华　何治芬　李炫霖

**尚志刚传：**吴淑明　钟宇锋　周文君　王　辉　尚　悦　尚小淇

**吴盛州传：**吴泽扬　黄桂清

**李吉刚传：**邱招媚　刘映娟　陈志兰

**彭　佳传：**钟宇诺　何恩豪

**刘让斌传：**刘　瑞　周凌瑶　郑国泰

**卢树杰传：**卢诗华

**陈丽娜传：**刘　达　罗　燕

**柯中林传：**钟晓山　秦少培　于凤荣　谭利群　孙　敏　彭景象　郭红波

**高　韦传：**赖　美　吴双华　沈志明

**陈居松传：**周东玉　陈琪涛　陈思彤　梁其冠　王　勇　龙培军　张　枫　胡声帆

**陈居柏传：**陈思含

**马　力传：**沈　伟　陆晓东　雷　超　李耀庭　马箭宇

**聂宗田传：**陈自凯　聂斌龙　聂静敏

**李本福传：**孙　冲　吕洪祥　田　华　李向东　张玉山　田玉耀

**韩公元传：**刘兆纬

**朱英德传：**赵兰越　于　涛　汤喜乐　王传永　万广兴　周静怡　周明辰　王宗堃　王豪杰　苏亚楠　李金达　田丽丽　孙成坤　韦　海　刘　杰　范德宝　李爱存　肖万林　左贵林　王广凯　刘春波　汪志诚　刘天宝　刘　帅　王宝栋　朱铭泽　李禹静　王浩川　于　苗　于　群　刘加瑞　薛冬至　刘志远　吴依霖　王昞杰　王加福　张　学　陈德厚　宋仕雅　许　亮　丁意成　许明莉　王雨涵　邵健洋　陈泽明　穆荣荣　李金营　宋健勋　王西强　赵为来　彭洪杰　张加成　潘亦菲　潘亦丞　牛　俊　付勋文　李松德　范加硕　李晓东　王金明　潘　森　王鹏飞　程啟同

**邢殿和传：**李鹏飞　靳宇彤

## 微信扫码 看视频

八卦刀概述

八卦刀套路

八卦战身枪概述

八卦战身枪套路

八卦剑概述

龙形剑套路

八卦子午鸳鸯钺概述

八卦子午鸳鸯钺套路

本书视频资源总码